파이썬과 아두이노 기초

박정규 · 조범희 공저

B.C.Info

머리말 Preface

PYTHON&ARDUINO

반도체 기술의 발달에 따라 디스플레이, 자동차 및 조선 등과 같은 제조업 분야에 ICT(Information and Communications Technology) 기술이 융합되면서 산업과 기업의 인프라를 연결하고 상품과 서비스를 고도화하여 생산현장의 패러다임을 변화시키고 있다. 또한 IOT(Internet of Things) 기술은 사람과 사물 연결, 사물과 사물을 연결하여 인공지능(AI : Artificial Intelligence), 빅데이터, 모바일, 웨어러블 등과 같은 초연결사회를 위한 새로운 기술 및 창조적인 제품개발에 기여하고 있다. 특히 최근에는 탄소배출을 감축하는 친환경 정책에 따라 전기 자동차가 상용화되고 자율주행을 위한 새로운 기술이 요구되면서 AI 기술은 더욱더 중요하게 되었다.

본 교재에서는 인공지능, 데이터 분석, 데이터 시각화 및 영상처리 등의 소프트웨어 기술개발에 유용하고 구글, 아마존, 네이버, 카카오 등 국내외 글로벌 기업에서 기술개발에 많이 활용하고 있는 파이썬 중심으로 집필하였으며, C++ 기반으로 개발된 아두이노 IDE(통합개발환경, Integrated Development Environment)와 파이썬을 연결하여 산업에 적용할 수 있는 기초기술을 습득할 수 있도록 다음과 같이 구성하였다.

제1장은 파이썬의 특징 및 설치에 대하여 기술하고, 인터프리터 방식과 컴파일 방식으로 사칙연산하는 프로그램을 작성하여 실행함으로써 프로그램 작성방식에 따른 특징을 이해하도록 구성하였다.

제2장은 파이썬의 기초문법을 습득하는 것을 목표로 설정하고, 자료형과 변수 타입의 표현, 입력과 출력함수를 사용한 프로그램 작성, 문자열의 입출력, 산술 연산자와 할당 연산자를 활용하는 프로그램, 데이터의 종류와 입출력으로 사용하는 방법을 습득할 수 있도록 예제 프로그램으로 구성하였다.

제3장은 조건문과 반복문으로 구성되는 제어문의 사용 방법을 익히는 것을 목표로 하여 비교와 논리 연산자의 기호 및 기능을 이해하고 if~else 문, for 문, while 문을 사용하는 제어문의 구조와 사용법을 설명하였다. 또한 조건문과 제어문에 사용되고 있는 각종 명령어를 습득할 수 있도록 조건문의 종류 및 반복문의 기본구조를 가진 예제를 기술하였다.

제4장은 함수와 변수의 정의 및 호출하는 방법을 익히는 것을 목표로 하여 구성하였으며, 라이브러리에 내장되어 있는 함수와 사용자가 정의하는 함수로 구분하였다. 그리고 함수의 정의에 사용되는 매개변수의 값을 전달하는 방식과 호출하는 방식을 기술하였고, 지역변수와 전역변수로 사용되는 특징 및 함수 값의 반환에 대하여 기술하였다.

제5장은 파일처리 함수를 익히는 것을 목표로 하여 파일쓰기와 파일 읽기로 구분하였다. 또한 파일쓰기 및 파일 읽기에 사용되는 함수의 사용형식 및 파일모드의 종류와 기능을 기술하고, 예제 프로그램을 따라하도록 구성하였다.

제6장은 파이썬 라이브러리에서 제공되는 내장 모듈과 패키지, 메소드의 기능을 설명하고 모듈 함수 및 패키지 함수의 호출 방법을 기술하였다. 경우에 따라서는 사용자가 직접 만들어 사용하는 사용자 정의 모듈 및 확장 패키지를 설치하고 사용하는 방법을 익힐 수 있도록 구성하였으며, 객체지향 프로그램에 사용되는 객체, 클래스 및 메소드의 개념과 정의를 이해하도록 예제 프로그램을 기술하였다.

제7장은 파이썬과 아두이노를 사용하여 아두이노 보드에 연결되어 있는 LED 및 가변저항의 변화량을 시리얼 통신으로 파이썬에서 제어하는 예제 프로그램을 기술하였다. 파이썬과 아두이노의 통신 기본개념, 아두이노 IDE의 설치 및 사용방법, 아두이노 보드의 종류 및 사양, 아두이노 보드와 파이썬의 통신방법, 아두이노 IDE를 사용하여 시리얼 통신하는 기본 프로그램과 실행, 아두이노 보드에 연결되어 있는 LED를 파이썬으로 제어하는 전기회로 구성 및 프로그램 작성, 가변저항 및 PWM(Pulse Width Modulation) 제어로 LED의 밝기제어, 가변저항기의 변화량을 AD변환하는 디지털값으로 LED의 밝기제어 및 파이썬에서 데이터값 모니터링, 가변저항기의 변화량을 파이썬에서 수신하여 실시간 그래프 그리기 등을 기술하고 예제를 따라하여 습득할 수 있도록 구성하였다.

끝으로 이 교재의 출판을 위하여 수고하여 주신 복두출판사의 대표님 이하 관계자 여러분들께 깊은 감사를 표하는 바이다.

저자 씀

목차 Contents

PYTHON&ARDUINO

제1장

파이썬 특징 및 설치

1.1 파이썬 특징

1.2 파이썬 설치

1.3 파이썬 실행

1.1 파이썬 특징

파이썬(Python)은 네덜란드 개발자 귀도 반 로썸(Guido van Rossum)이 1989년 12월에 개발하기 시작하여 1991년 Python 0.9 버전을 출시하였다. Python 1.0 버전은 1994년, Python 2.0은 2000년, Python 3.0은 2008년에 각각 출시되어 사용되고 있다. 파이썬은 객체지향의 언어로서 다양한 응용 프로그램을 개발하기 위해 만들어졌으며, 프로그램을 작성하고 실행하는 방법으로 인터프리터(interpret) 방식과 컴파일(compile) 방식으로 구분한다.

인터프리터 방식은 동시통역을 해주는 방식으로, 한 줄씩 해석한다. C언어 또는 C++ 언어로 작성한 소스 프로그램은 컴퓨터가 이해하는 기계어(0과 1로 구성된 코드)로 변화하는 컴파일러가 필요하나 파이썬에서 사용하는 인터프리터 방식은 컴파일 없이 바로 실행할 수 있다.

컴파일 방식은 처음부터 끝까지 소스 프로그램을 작성하고 한꺼번에 바꿔주는 것으로, 파일에 프로그램을 저장하여 사용한다. 파이썬으로 프로그램을 개발하는 편집기는 IDLE, 주피터 노트북, 파이참, 서브라임 텍스트 등이 있으며 본 교재에서는 IDLE 개발툴을 사용한다.

파이썬은 운영체제(윈도우, 리눅스 등)의 시스템 명령어들을 이용할 수 있는 각종 도구를 갖추고 있으므로 이를 바탕으로 다음과 같은 여러 형태의 시스템 유틸리티를 만들 수 있다.

- GUI 프로그래밍
- C/C++와의 결합
- 웹 프로그래밍
- 수치 연산 프로그래밍
- 데이터베이스 프로그래밍
- 데이터 분석, 사물인터넷

파이썬은 Numeric Python이라는 수치 연산 모듈이 제공되며, C언어로 작성되었기 때문에 수치 연산을 빠르게 할 수 있다. 또한 파이썬은 사이베이스(Sybase), 인포믹스(Infomix), 오라클(Oracle), 마이에스큐엘(MySQL), 포스트그레스큐엘(PostgreSQL) 등의 데이터베이스에 접근할 수 있게 해주는 도구들을 제공한다. 파이썬으로 만들어진 판다스(Pandas)라는 모듈을 이용하면 데이터 분석을 더 쉽고 효과적으로 할 수 있다.

파이썬은 다음과 같은 특징을 가지고 있으므로 많은 분야에서 사용되고 있다.

□ 직관적이고 쉽다

- 프로그래밍 초보자도 쉽게 이해
- 단순하고 직관적인 문법구조
- 영어의 쉬운 단어와 간단한 문장 사용

□ 널리 사용된다

- 세계적인 기업에서 자사 프로젝트 수행에 사용 : 구글, 아마존, 인스타그램, IBM, ...
- 국내 기업에서도 자사 프로젝트에 사용 : 카카오, 네이버, ...

□ 개발환경이 좋다

- 온라인 커뮤니티 활성화
- 경험이 많은 프로그래머의 도움 용이
- 수백만 명의 개발자가 상호 의견교환으로 기능 향상

□ 강력하다

- 인공지능, 데이터 분석, 데이터 시각화, 영상처리, 웹서버, 게임 등의 소프트웨어 개발 시에 표준 라이브러리를 용이하게 활용
- C 또는 C++ 등의 다른 언어로 개발된 프로그램과 연계 가능하여 프로그램의 기능 확장과 성능 향상

1.2 파이썬 설치

파이썬은 https://www.python.org/ 홈페이지의 다운로드 페이지에서 파이썬 설치 프로그램을 다운로드하여 설치한다. 설치 동영상은 https://youtu.be/mk8lP7WLQ9E를 방문하여 따라하면 쉽게 설치할 수 있다.

과학, 수학, 데이터 분석을 목적으로 하는 경우에는 과학 계산용으로 널리 사용되는 파이썬 패키지들을 쉽게 관리할 수 있는 아나콘다(Anaconda)를 설치하면 쉽게 프로그램을 작성할 수 있다. 파이썬 문법을 익힌 후 데이터 분석 및 머신러닝을 익히기 위해서는 처음부터 아나콘다를 설치하여 프로그램을 작성해도 무방하다.

https://www.anaconda.com/products/distribution에 접속하여 배포판을 다운로드하고 유튜브에서 공개하고 있는 동영상 https://youtu.be/CNGBwFcmBZM을 참조하여 아나콘다를 설치할 수 있다.

그림 1.1은 파이썬을 다운로드하기 위하여 파이썬 홈페이지의 다운로드 메뉴를 선택한 상태이다. 사용자의 OS에 해당하는 항목을 선택하여 파일을 다운로드하고 설치를 시작한다.

그림 1.2는 파이썬 Windows 64-bit를 인스톨하는 상태이다. 하단의 Add python.exe to PATH를 체크하고 인스톨을 선택하면 프로그램 설치가 시작된다.

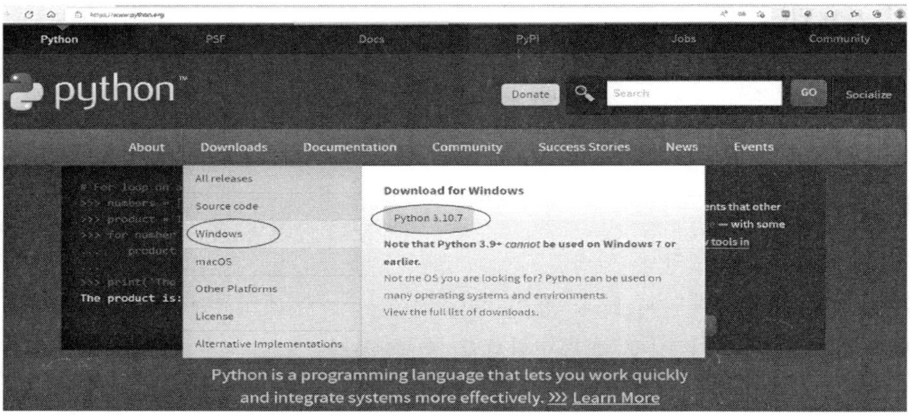

그림 1.1 파이썬 다운로드

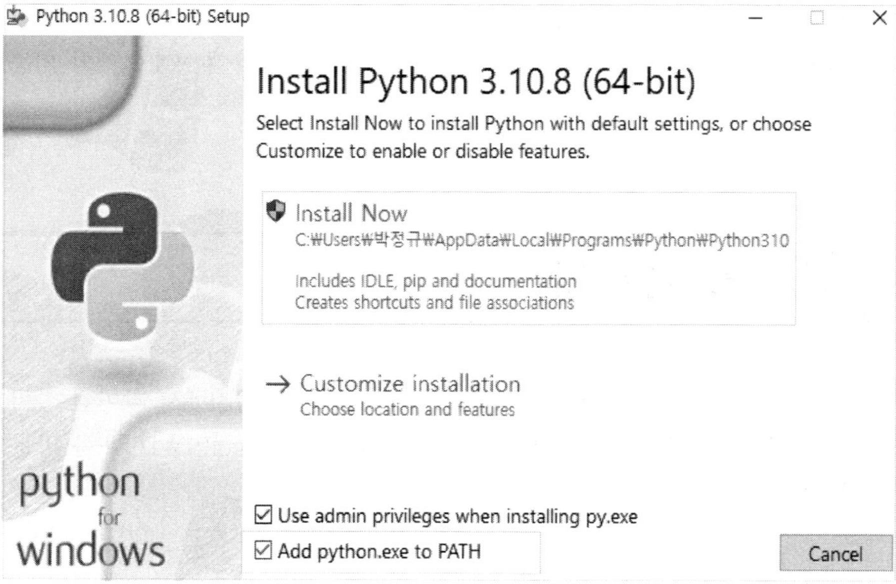

그림 1.2 파이썬 인스톨

1.3 파이썬 실행

그림 1.3은 파이썬 설치를 완료하고 실행하기 위한 메뉴를 선택하는 화면이다. 윈도우 좌측 하단의 시작 아이콘을 클릭하면 최근에 추가한 앱이 나타난다. IDLE(Python 3.10 64-bit)은 컴파일 방식을 채택하기 위한 아이콘이고 Python 3.10(64-bit)을 선택하면 인터프리터 방식을 사용할 수 있으며 명령 프롬프트(DOS Prompt)를 사용한다.

인터프리터 방식은 작성된 프로그램을 한 문장씩 읽고 번역한 후에 실행하는 방식으로, 배우기 쉽고 이식성이 높으나 매번 실행해야 하므로 실행속도가 느리다는 단점이 있다. 컴파일 방식은 작성된 프로그램 전체를 한 번에 기계어로 번역한 후에 실행 가능한 프로그램을 만드는 방식으로, 한 번에 전체를 번역하므로 실행속도가 빠르나 번역 과정이 복잡하고 시간이 많이 소요되는 단점이 있다.

1.3.1 인터프리터 방식

파이썬 프로그램을 인터프리터 방식으로 작성하기 위해 그림 1.3처럼 Python 3.10(64-bit) 항목을 선택한다. 사용자의 OS 버전에 따라서 32-bit를 선택하는 경우도 있다.

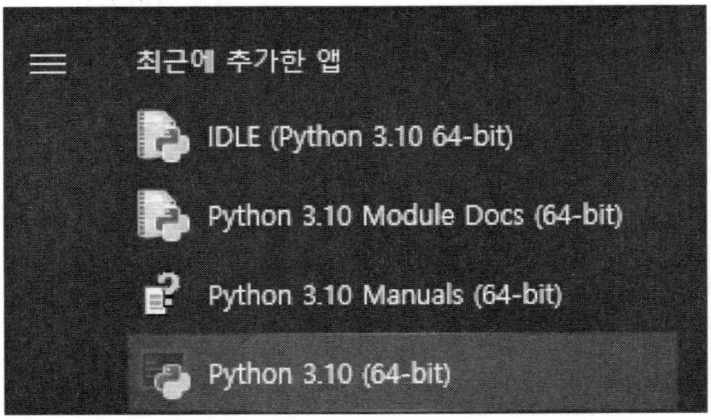

그림 1.3 파이썬 실행 : 인터프리터 방식

그림 1.4는 인터프리터 방식으로 출력함수 print()와 사칙연산을 실행하는 과정이다. "Hellow everyone!" 문자열을 화면에 출력하기 위해서는 print()함수를 사용하여 다음과 같이 DOS prompt에 입력한다.

```
>>> print("Hellow everyone!")
```

여기서, print(" ") 또는 print(' ')는 괄호 안의 큰따옴표(" ")와 작은따옴표(' ') 안에 있는 문자 또는 숫자를 화면에 출력한다.

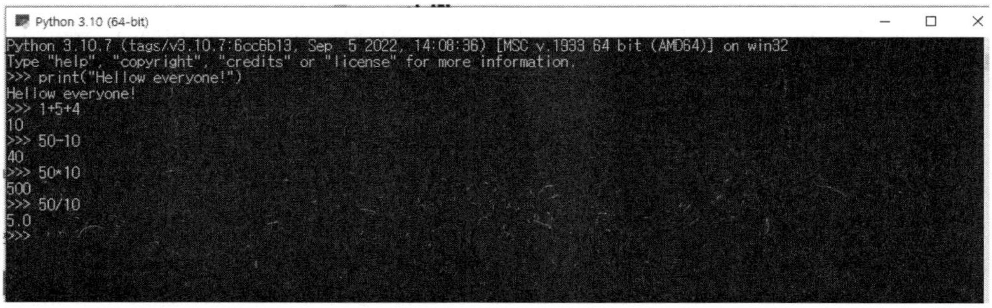

그림 1.4 인터프리터 방식 : print()와 사칙연산

ㅁ **사칙연산** : 덧셈, 뺄셈, 곱셈 및 나눗셈과 같은 사칙연산을 포함하는 산술 연산자의 종류와 기능은 표 1.1에 나타낸다.

표 1.1 산술 연산자 표시와 기능

산술 연산자	기능
+	더하기
–	빼기
*	곱하기
/	나누기
%	나머지 연산
//	소수점 이하 절삭
**	거듭 제곱 구하기

사칙연산에서 덧셈, 뺄셈, 곱셈 및 나눗셈은 다음과 같이 인터프리터 방식으로 작성하고 실행하면 그림 1.4와 같은 실행 결과가 나타난다.

```
>>> 1 + 5 + 4
>>> 50 - 10
>>> 50 * 10
>>> 50 / 10
```

1.3.2 컴파일 방식

그림 1.5는 파이썬 프로그램을 컴파일 방식으로 작성하기 위해 IDLE 개발 툴을 실행하기 위하여 최근에 추가한 앱에서 IDLE(Python 3.10 64-bit)를 선택한 상태이다.

그림 1.5 파이썬 실행 : 컴파일 방식

▢ 인터프리터 방식(IDLE)

그림 1.6은 IDLE을 사용하여 그림 1.4와 같은 출력함수 print()와 사칙연산을 인터프리터 방식으로 실행하는 과정이다.

```
>>> print("Hellow everyone!")
>>> 1 + 5 + 4
>>> 50 - 10
>>> 50 * 10
>>> 50 / 10
```

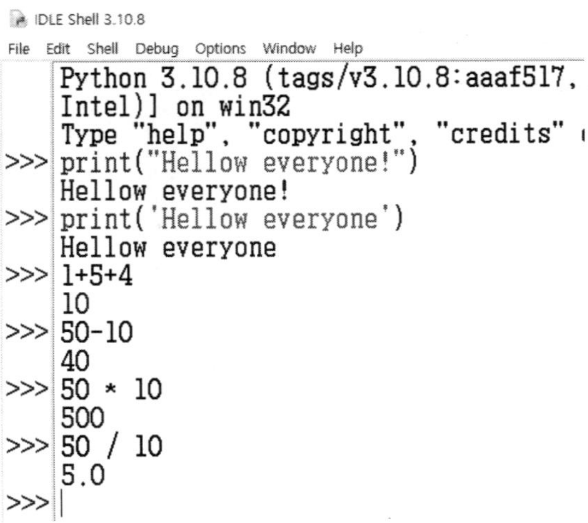

그림 1.6 IDLE : 인터프리터 방식

☐ 컴파일 방식(IDLE)

그림 1.7은 IDLE Shell을 사용하여 컴파일 방식으로 프로그램을 작성하기 위한 과정이다. 탭 메뉴에서 File을 선택하고 New File을 열어서 새로운 프로그램을 작성한다.

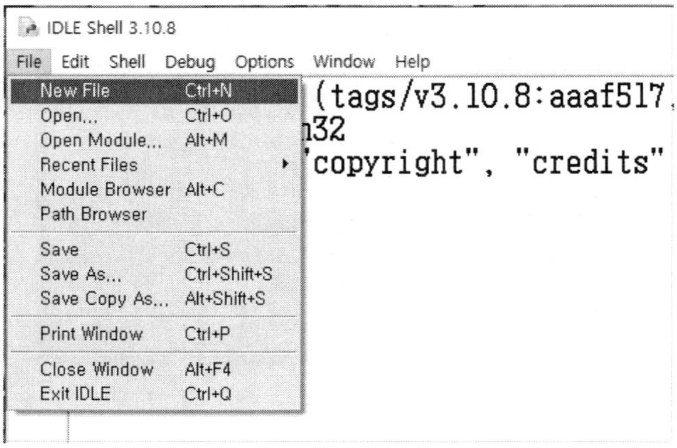

그림 1.7 New File 작성

그림 1.8은 IDLE의 편집 창에서 그림 1.6과 같은 출력함수 print()와 사칙연산의 프로그램을 작성하고 실행한 상태이다. IDLE 편집 창에서 프로그램 작성을 완료하고 Run 메뉴에서 Run Module 항목을 클릭하거나 펑션 키 F5를 선택하면 프로그램이 실행된다. 작성한 파일이 저장되어 있지 않으면 파일 이름을 저장하라는 대화상자가 나타난다. 프로그램이 실행되면 출력함수 print()의 괄호 안에 있는 문자열은 화면에 출력되나 사칙연산을 계산한 값은 화면에 출력되지 않는다. 사칙연산을 실시한 값을 화면에 출력하기 위해 print() 함수를 사용하여야 한다.

<프로그램>

```
print("Hellow everyone!")
print('Hellow everyone!')
1 + 5 + 5
50 - 10
50 * 10
50 / 10
```

그림 1.9는 IDLE 개발 툴을 사용하여 컴파일 방식으로 프로그램을 작성하고 사칙연산을 한 값을 화면에 출력할 수 있도록 print() 함수를 사용한 사례이다.

그림 1.8 IDLE : 컴파일 방식, print() 미사용

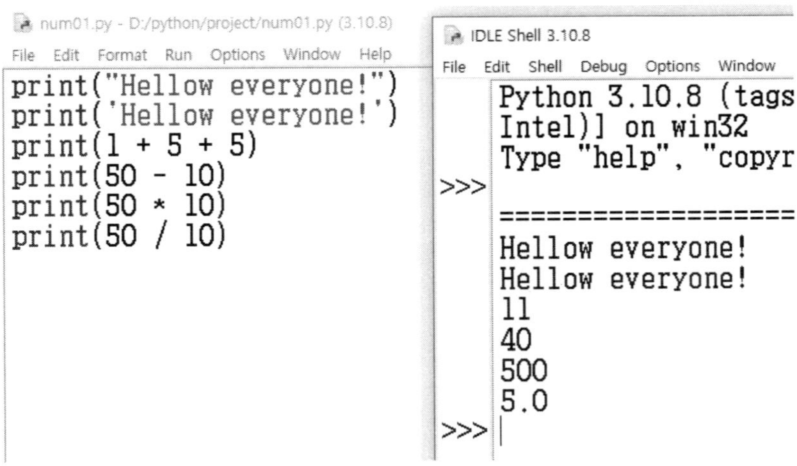

그림 1.9 IDLE : 컴파일 방식, print() 사용

제2장

파이썬 기초 문법

2.1 자료형과 변수

파이썬에서 연산을 하기 위해서는 변수를 지정 또는 전환이 필요하다. 변수는 데이터를 저장하기 위해 프로그램으로 이름을 할당받은 메모리 공간을 의미하고 데이터를 저장할 수 있는 메모리 공간을 나타내므로 변수에 지정되어 있는 값을 변경할 수 있다.

변수에 숫자, 문자열, 리스트 등의 값을 사용하여 프로그램을 작성하고 실행하면 컴퓨터는 각각의 변수에 어떤 종류의 값이 들어가 있는지 알아야 한다. 변수는 저장하는 값의 종류에 따라서 자료형(data type) 또는 타입(type)이라고 하고 값이 숫자 또는 문자열에 따라서 값을 저장하는 방식이나 계산하는 방법이 다르다. 정수인 1과 문자열인 "1"이 컴퓨터에 저장될 때 어느 정도의 메모리를 차지하는지 알아보면 두 값의 저장 방식이 다르다는 것을 알 수 있다.

□ **데이터 타입** : 표 2.1은 파이썬에서 사용하는 자료형 중에서 많이 사용되고 있는 데이터의 종류와 사용 사례이다.

표 2.1 데이터 타입과 사용 사례

데이터 타입	사용 사례	표현 가능 범위
noneType	x = None	아무것도 반환하지 않음 null을 의미하는 특별한 객체
bool	x = True	True/False의 값
int	x = 1	정수
float	x = 1.0	부동소수(실수)
complex	x = 1+2j	복소수(실수와 허수로 구성)
str	x = ' abcd'	문자열 : 문자나 텍스트
tuple	x = (1,2,3,4)	요소의 변경, 추가, 삭제 불가
list	x = [1,2,3,4]	요소의 변경, 추가, 삭제 가능
dictionary	x = {'name':'Hong'}	설명문 가짐, 요소의 추가, 삭제 가능

□ **데이터 타입 표현 사례** : 변수는 데이터를 저장하는 메모리 공간을 의미하고 변수에는 불, 숫자, 문자열, 리스트, 튜플, 딕셔너리 등 다양한 형의 데이터를 저장할 수 있다.

- **불(bool)** : True, False
- **숫자(int, float)** : 정수형 20, 30, -10, 실수형 20.5, 30.0003, -10.05
- **문자열(str)** : 'a', 'b', 'apple', '안녕'
- **리스트(list)** : ['홍길동',32, '000-0000-000','han@gmail.com']
- **튜플(tuple)** : ('짬뽕','라면','우동','국수')
- **딕셔너리(dictionary)** : {'red':'빨간색','yellow':'노란색'}

□ **변수명 규칙** : 변수명은 영문, 숫자 밑줄(_)의 조합으로 만들고 규칙은 영문 대소문자, 밑줄(_), 숫자의 순서로 사용하며 숫자로 시작할 수 없다는 것에 주의하여야 한다.

그림 2.1은 올바른 변수명의 사용 사례이다.

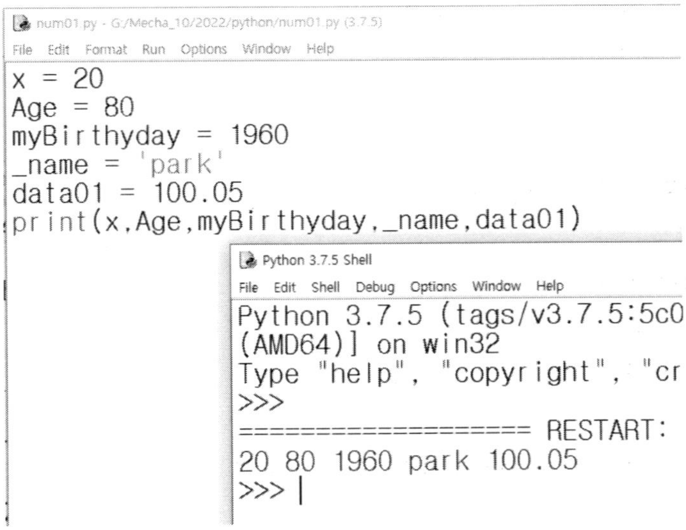

그림 2.1 올바른 변수명

2.2 입력과 출력

2.2.1 변수에 값 저장 및 출력

변수는 컴퓨터에서 데이터가 저장되는 메모리 공간의 위치를 의미하며 변수에 값을 저장한다. 변수에 값을 저장하기 위해서는 다음과 같이 코딩한다.

```
x = 20  # 변수 x는 정수형 데이터
```

여기서, x는 변수이고 20은 정수형의 데이터를 나타낸다. 정수 20을 변수 x에 저장하는 것을 의미하고, # 표시는 주석처리를 나타내는 것으로 설명하기 위하여 사용한다.

□ 출력함수 print()

print()는 화면에 출력하는 기능을 가진 내장함수로, 가장 많이 사용되며 화면에 데이터를 출력하는 방식에 따라 다음과 같이 구분된다.

- 콤마(,) 사용
- 문자열의 연결기호로서 (+) 사용
- % 포맷팅 사용
- format() 함수 사용
- 키워드 sep 사용
- 키워드 end 사용

그림 2.2는 help() 함수를 사용한 print() 함수의 표현형식이다. print() 함수의 표현은 다음과 같다.

```
print(values, ..., sep=' ', end='₩n', file=sys.stdout, flush=False)
```

여기서, values는 화면에 출력할 데이터를 나타내며 여러 개가 될 수 있다. sep는 화면에 출력할 데이터가 여러 개일 경우에 공백(' ')으로 기본적인 구분을 한다. end는 데이터를 모두 화면에 출력하고 마지막에 줄 바꿈 문자('₩n')를 넣는다. file은 데이터 출력 때에 화면이 아닌 파일(file)과 같은 다른 곳을 지정할 수 있다. flush는 스트림을 강제로 플러시할지 여부를 나타낸다.

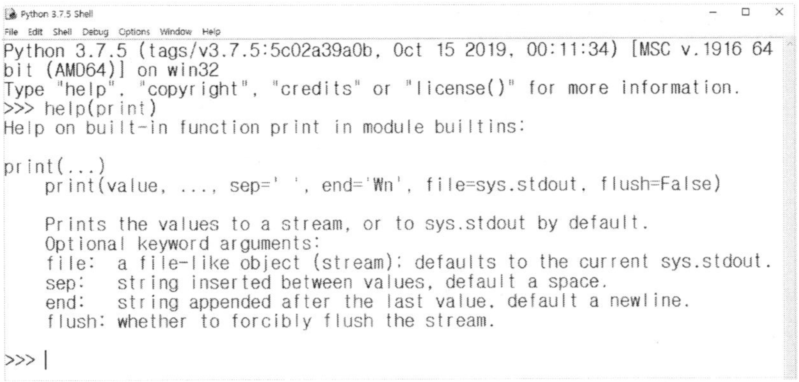

그림 2.2 print()의 표현형식

[예제 2.1] 변수 a와 b를 사용하여 각각의 변수에 문자열을 입력하고 그 값을 합하여 출력하라.

<프로그램>

```
a = 'Hello'
b = ' Python'
print(a,b)
```

그림 2.3은 a의 변수에 'Hello'를 저장하고 b의 변수에 'Python'을 저장한 것을 print() 함수의 데이터를 나열하여 화면에 출력한 것이다. 변수 a와 b의 데이터 타입은 문자열을 나타내는 str이다.

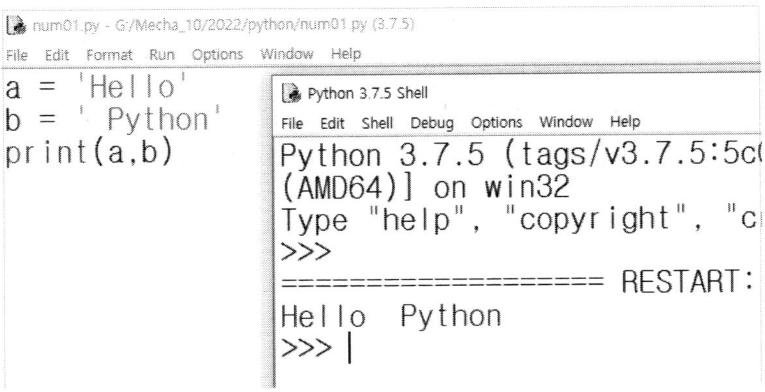

그림 2.3 문자열 출력

ㅁ 콤마(,)와 연결기호(+)를 사용한 출력

[예제 2.2] 이름, 나이, 신장, 시력 및 임의의 수식을 콤마와 연결기호를 사용하여 화면에 출력하고 변수 age, x, str(x)의 데이터 타입을 확인하는 프로그램을 작성하라.

<프로그램>

```
print("++ 콤마와 연결기호를 사용한 출력 ++")
#콤마 사용
name = '홍길동'
age = 40
height = 180
eyesight = 1.5
print(name,': 나이=',age,',키=',height,',시력=',eyesight)
print('age의 데이터 타입')
print(type(age))
#연결기호 사용
x=30
y=100
print('x='+str(x)+', y='+str(y))
print('x=%d, y=%d' %(x, y))
print('x의 데이터 타입')
print(type(x))
print('str(x)의 데이터 타입')
print(type(str(x)))
```

그림 2.4는 콤마와 연결기호를 사용하여 작성한 프로그램과 실행 결과이다. 변수 age에 정수형 데이터 40이 입력되었고 변수 x에도 정수형 데이터 30이 입력되었다. 정수형 데이터 x는 str(x)에 의해 정수형에서 문자열 데이터로 변환된 것을 확인할 수 있다.

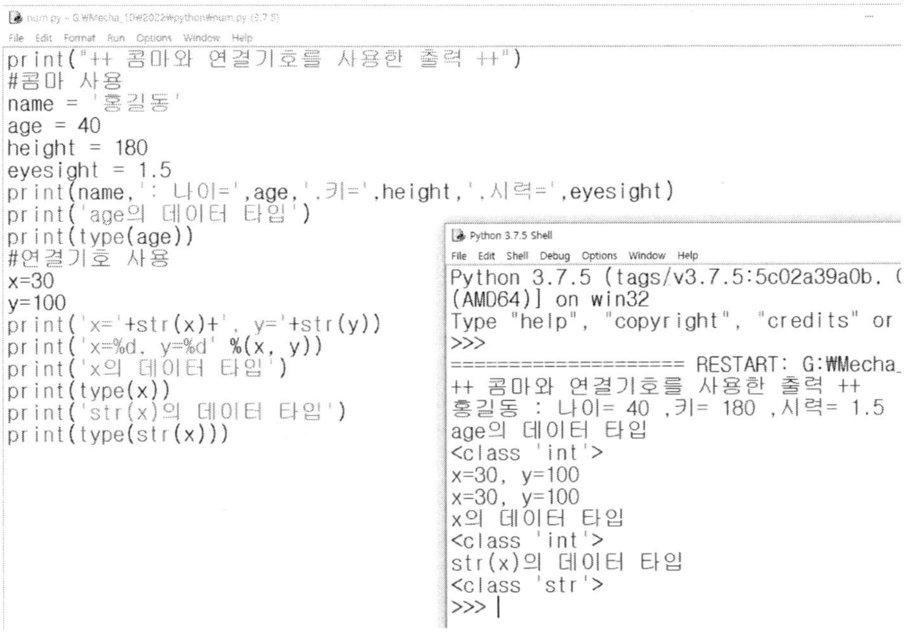

그림 2.4 콤마와 연결기호를 사용한 출력

2.2.2 문자열 % 포맷팅과 format() 함수

문자열 % 포맷팅은 특정 포맷에 맞추어 재배치하는 것을 의미하며, % 연산자를 이용하는 방법과 str.format을 이용하는 방법으로 구분한다.

□ % 포맷팅

표 2.2는 문자열 포맷 기호와 사용 데이터형이다.

표 2.2 포맷 기호와 사용 데이터형

포맷 기호	사용 데이터형
%d	정수형
%s	문자열
%f	실수형
%05d	정수형 다섯 자리 표시 남는 부분은 0으로 채움
%.3f	소수점 셋째 자리까지 나타내는 실수형

[예제 2.3] 문자열 % 포맷을 사용하여 이름과 나이를 화면에 출력하는 프로그램을 작성하라.

<프로그램>

```
print("++ 문자열 포맷팅 ++")
name = "홍길동"
x = '나는 %s입니다.' % name
print(x)
age = 40
y = '나이는 %d살 입니다.' % age
print(y)
```

그림 2.5는 문자열 % 포맷을 사용하여 이름과 나이를 출력하는 프로그램과 실행 결과이다.

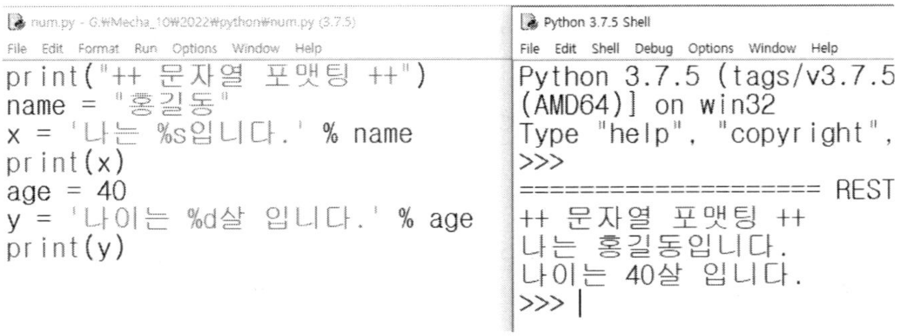

그림 2.5 문자열 % 포맷팅

[예제 2.4] 문자열 % 포맷을 사용하여 연월일을 화면에 출력하는 프로그램을 작성하라.

<프로그램>

```
print("++ 년월일 포맷팅 ++")
year = 2022
month = 10
day = 13
x = '%d-%02d-%02d' %(year,month,day)
print(x)
x = '%d년%02d월%02d일' %(year,month,day)
print(x)
```

그림 2.6은 문자열 % 포맷을 사용하여 연월일을 출력하는 프로그램과 실행 결과이다.

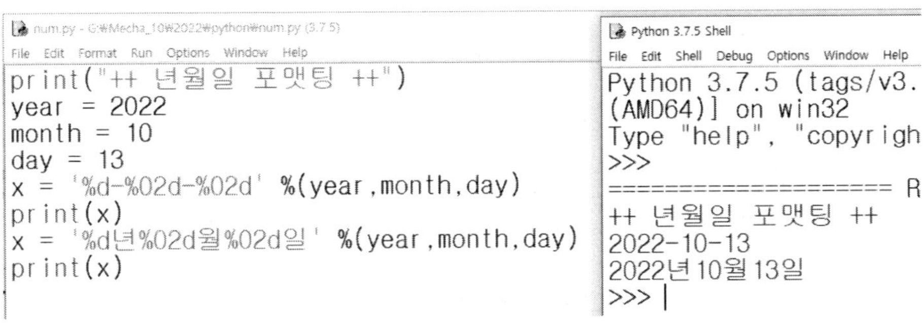

그림 2.6 % 포맷으로 연월일 표시

□ format() 함수

파이썬에 내장되어 있는 format() 함수는 % 포맷처럼 여러 개의 값을 포맷할 수 있으며 자릿수를 지정할 수도 있다. % 포맷은 자료형 데이터의 % 연산자를 사용한다. format() 메소드(Method)는 객체지향에서 함수와 같은 역할을 가지며 객체 내에서 사용하는 함수를 메소드라고 한다. 표 2.3은 문자열 메소드의 기호와 기능의 설명이다.

표 2.3 메소드 기호와 기능 설명

메소드 기호	기능 설명
str.format()	문자열 포맷팅하기
str.count()	문자열 개수 세기
str.find()	문자열 내부의 특정 문자열 찾기
str.upper()	문자열 대문자로 바꾸기
str.lower()	문자열 소문자로 바꾸기
str.replace()	문자열 내부의 특정 문자열 바꾸기
str.split()	문자열 분리기
str.isspace()	문자열에 공백이 있는지 체크하기

그림 2.7은 help() 함수를 사용하여 출력한 format() 함수의 표현 방식이다.

```
>>> help(format)
Help on built-in function format in module builtins:

format(value, format_spec='', /)
    Return value.__format__(format_spec)

    format_spec defaults to the empty string.
    See the Format Specification Mini-Language section of help('FORMATTING') for
    details.

>>> |
```

그림 2.7 format() 함수

[예제 2.5] format() 함수를 사용하여 이름, 나이, 신장 및 시력의 개인정보를 출력하는 프로그램을 작성하라.

<프로그램>

```
print("++ str.format() 개인정보 출력 ++")
name = '홍길동'
age = 40
height = 180
eyesight = 1.5
a = '이름 :{}'.format(name)
b = '나이 :{}'.format(age)
c = ' 키  :{}'.format(height)
d = '시력 :{}'.format(eyesight)
print(a)
print(b)
print(c)
print(d)
```

그림 2.8은 개인정보인 이름, 나이, 신장 및 시력을 출력하는 프로그램과 실행 결과이다.

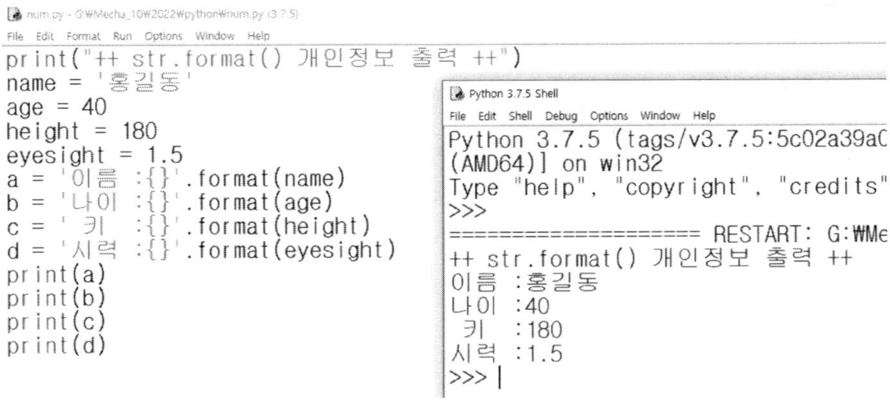

그림 2.8 format() 함수 : 개인정보

▢ % 포맷과 format() 함수를 사용한 출력

[예제 2.6] 5개 과목의 점수와 평균은 % 포맷을 사용하고 이름, 나이, ID 및 마일리지는 format() 함수를 사용하여 화면에 출력하는 프로그램을 작성하라.

<프로그램>

```
print("++ % 포맷팅과 format() 함수 출력 ++")
# % 포맷팅 사용
score1 = 88
score2 = 90
score3 = 95
score4 = 83
score5 = 100
sum = score1 + score2 + score3 + score4 + score5
average = sum/5
print('5개과목 점수 : %d, %d, %d, %d, %d'
        %(score1,score2,score3,score4,score5))
print('합계점수 : %d, 평균점수 : %d' %(sum,average))
# format() 함수 사용
name = '홍길동'
age = 40
id = 'hong'
point = 20000
print('이름 : {}'.format(name))
print('나이 : {}세, 아이디 : {}, 마일리지 :{}km'.format(age,id,point))
```

그림 2.9는 % 포맷과 format() 함수를 사용하여 5개 과목 점수와 평균, 개인정보와 마일리지를 출력하는 프로그램과 실행 결과이다.

```
print("++ % 포맷팅과 format() 함수 출력 ++")
# % 포맷팅 사용
score1 = 88
score2 = 90
score3 = 95
score4 = 83
score5 = 100
sum = score1 + score2 + score3 + score4 + score5
average = sum/5
print('5개과목 점수 : %d, %d, %d, %d, %d' %(score1,score2,score3,score4,score5))
print('합계점수 : %d, 평균점수 : %d' %(sum,average))

# format() 함수 사용
name = '홍길동'
age = 40
id = 'hong'
point = 20000
print('이름 : {}'.format(name))
print('나이 : {}세, 아이디 : {}, 마일리지 :{}km'.format(age,id,point))
```

```
Python 3.7.5 (tags/v3.7.5:5c02a39a0b, Oct 15 2019, 00:11:34) |
(AMD64)] on win32
Type "help", "copyright", "credits" or "license()" for more ir
>>>
==================== RESTART: G:\Mecha_10\2022\python\num.py =
++ % 포맷팅과 format() 함수 출력 ++
5개과목 점수 : 88, 90, 95, 83, 100
합계점수 : 456, 평균점수 : 91
이름 : 홍길동
나이 : 40세, 아이디 : hong, 마일리지 :20000km
>>> |
```

그림 2.9 % 포맷과 format() 함수

☐ 키워드 sep와 end를 사용한 출력

키워드 sep는 항목을 구분하는 곳에 사용하며 sep에 '/'를 입력하면 각 항목을 / 구분자로 구분한다. 키워드 sep를 따로 설정하지 않으면 각 항목 사이에는 공백이 삽입된다. 키워드 end는 end에 설정된 문자열을 이어서 출력하라는 의미를 나타낸다. end=''으로 설정하면 빈 공백을 붙여서 출력한다.

[예제 2.7] 키워드 sep를 사용하여 연월일을 출력하고 end를 사용하여 임의의 문장을 연결하여 출력하는 프로그램을 작성하라.

<프로그램>

```
print("++ 키워드 sep, end를 사용한 출력 ++")
# 키워드 sep 사용
year = 2022
month = 10
day = 14
print(year,month,day,sep='/')
print('%d-%d-%d' %(year,month,day))
print('%d년%d월%d일' %(year,month,day))
print('\n')
# 키워드 end 사용
x = '화면에 출력하는 함수는 '
y = 'print()함수이다 '
print(x)
print(y)
print('\n')
print(x,end='')
print(y)
```

그림 2.10은 키워드 sep와 end를 사용하여 연월일과 두 개의 문장을 붙여서 화면에 출력하는 프로그램과 실행 결과이다. sep는 입력한 구분자에 의하여 연월일이 구분되어 화면에 출력하였다. end는 두 개의 문장 중에서 첫 번째 문장에 이어서 두 번째 문장을 end로 연결하고 '₩n'으로 줄을 바꾼다.

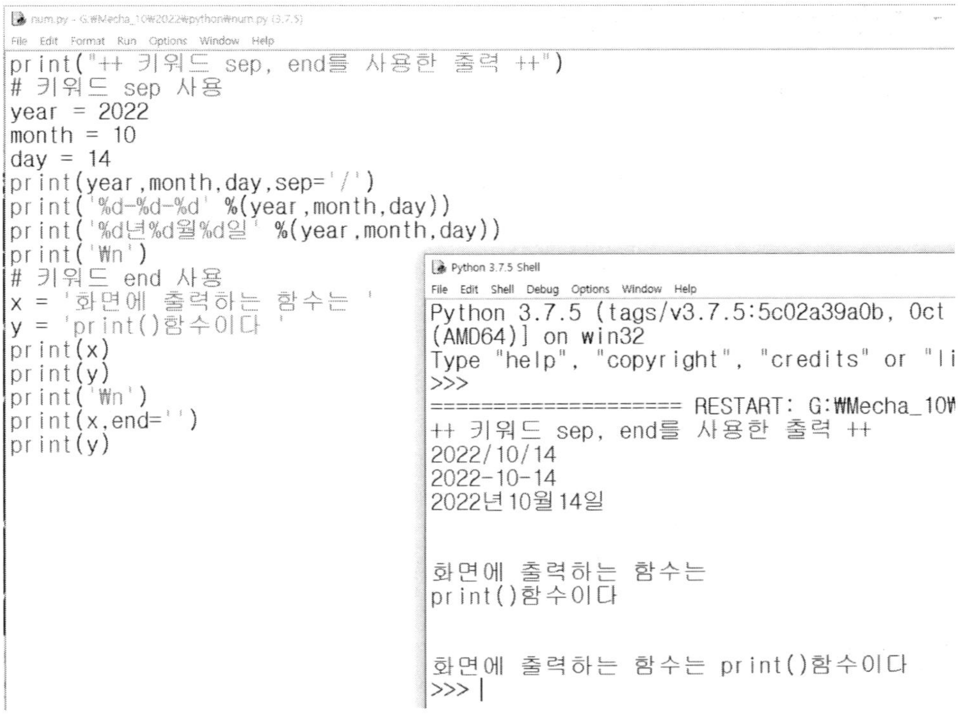

그림 2.10 sep와 end를 사용한 출력

2.2.3 산술 연산자와 할당 연산자

□ divmod() 함수

divmod(x,y)는 x와 y를 인자로 전달받아서 x 인자를 y 인자로 나눈 몫과 나머지를 tuple 형식으로 반환한다.

그림 2.11은 help() 함수를 사용하여 표시하는 몫과 나머지를 구하기 위한 함수의 표현형식이다. 변수 x와 y를 나누고 몫과 나머지를 튜플 데이터로 반환한다.

```
>>> help(divmod)
Help on built-in function divmod in module builtins:

divmod(x, y, /)
    Return the tuple (x//y, x%y).  Invariant: div*y + mod == x.

>>> |
```

그림 2.11 divmod() 함수의 표현

□ 산술 연산자

[예제 2.8] 표 1.1에서 나타낸 산술 연산자를 사용하여 사칙연산, 나머지 구하기, 몫과 나머지 구하기 및 거듭제곱을 계산하는 프로그램을 작성하라.

<프로그램>

```
print("산술 연산자 표현")
x = 20
y = 45
z = x + y * 3 - 10/9
print('z=%d' %(z),',z=%f' %(z),'z=%.3f' %(z) )
#나머지 구하기
x = 10 % 3
print('10%3',x)
#몫과 나머지 구하기
print('10/3',divmod(10,3))
#거듭제곱 구하기
x= 3
print('3^2',x ** 2)
print('3^3',x ** 3)
print('3^4',x ** 4)
```

그림 2.12는 산술 연산자를 사용하여 계산한 사례이다. 변수 x, y 및 z의 데이터 타입은 정수를 나타내는 int이다.

```
num01.py - G:/Media_10/2022/python/num01.py (3.7.5)
File  Edit  Format  Run  Options  Window  Help
print("산술연산자 표현")
x = 20
y = 45
z = x + y * 3 - 10/9
print('z=%d' %(z),',z=%f' %(z),'z=%.3f' %(z) )
#나머지 구하기
x = 10 % 3
print('10%3',x)
#몫과 나머지 구하기
print('10/3',divmod(10,3))

#거듭제곱 구하기
x= 3
print('3^2',x ** 2)
print('3^3',x ** 3)
print('3^4',x ** 4)
```

```
Python 3.7.5 Shell
File  Edit  Shell  Debug  Options  Window  Help
Python 3.7.5 (tags/v3.7.5:5c02a3
(AMD64)] on win32
Type "help", "copyright", "credi
>>>
=================== RESTART: G:/
산술연산자 표현
z=153 ,z=153.888889 z=153.889
10%3 1
10/3 (3, 1)
3^2 9
3^3 27
3^4 81
>>> |
```

그림 2.12 산술 연산자의 사용 사례

□ 할당 연산자

할당 연산자는 컴퓨터의 메모리에 할당되는 주소공간, 즉 변수에 변수나 데이터를 저장한다. 표 2.4는 할당 연산자의 표시 기호와 기능 설명이다.

표 2.4 할당 연산자 기호와 기능 설명

할당 연산자	사용 사례	기능 설명
=	x = 2	x에 2를 저장
+=	x += 5	x = x + 5를 의미
−=	x −= 2	x = x - 2를 의미
*=	x *= 2	x = x * 2를 의미
/=	x /= 2	x = x / 2를 의미
%=	x %= 2	x = x % 2를 의미
**=	x = 7 x **= 2	x = x ** 2를 의미, 초기 x값이 7이면 최종 x값은 49

[예제 2.9] 표 2.4에서 나타낸 할당 연산자의 기능을 설명할 수 있는 간단한 프로그램을 작성하라.

<프로그램>

```
print("할당 연산자 표현")
x=2
print('x=',x)
x += 5
print('x += ',x)
x -= 2
print('x -= ',x)
x *= 2
print('x *= ',x)
x /= 2
print('x /= ',x)
x %= 2
print('x %= ',x)
x =7
print('x = ',x)
x **= 2
print('x **= ',x)
```

그림 2.13은 표 2.4의 여러 가지 할당 기호를 사용하여 초기값 x = 2일 경우 각 할당 연산자를 사용하여 할당 연산자의 기능을 활용하여 계산하는 프로그램과 실행 결과이다.

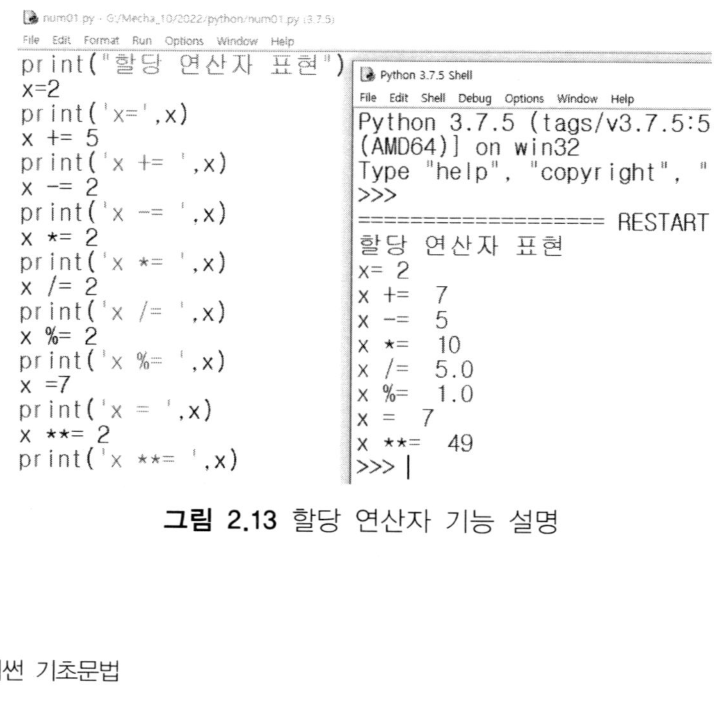

그림 2.13 할당 연산자 기능 설명

2.2.4 변수에 값 저장 및 입력

□ 입력함수 input()

input() 함수는 사용자가 임의의 값을 입력하고 지정한 변수에 저장할 수 있으며, 사용자가 입력한 값은 "문자열" 타입으로 반환한다. input() 함수의 사용자 입력은 엔터 키를 입력하고 키보드로 입력한 후에 엔터 키의 입력 전까지를 모두 받는다. 키보드를 사용하여 문자열 또는 숫자를 입력하기 위해서는 input() 함수를 사용한다. 여기서 주의해야 하는 것은 키보드로 숫자를 입력하면 숫자는 문자열로 입력된다. 따라서 숫자를 입력하면 정수형 또는 실수형을 변환이 필요하다.

표 2.5는 데이터의 형을 변환하는 함수와 기능이다.

표 2.5 데이터 변환함수와 기능

데이터형 변환함수	기능
str()	문자열로 변환
int()	정수형으로 변환
float()	실수형으로 변환

그림 2.14는 help() 함수를 사용한 입력함수인 input()의 표현형식이다.

```
>>> help(input)
Help on built-in function input in module builtins:

input(prompt=None, /)
    Read a string from standard input.  The trailing newline is stripped.

    The prompt string, if given, is printed to standard output without a
    trailing newline before reading input.

    If the user hits EOF (*nix: Ctrl-D, Windows: Ctrl-Z+Return), raise EOFError.
    On *nix systems, readline is used if available.

>>> |
```

그림 2.14 input() 함수의 표현형식

☐ type() 함수

type() 함수는 객체를 인자로 받아 해당 객체의 데이터 타입을 반환해주는 함수이며 type(변수_데이터)는 괄호 안에 들어가는 변수나 데이터의 형을 얻기 위하여 사용한다.

[예제 2.10] 변수 a에는 문자열을 입력하고 변수 b에는 숫자를 입력하여 화면에 입력한 값과 데이터 타입을 표시하고 변수 b의 데이터 형식을 정수로 변환하라.

<프로그램>

```
print('++ input() 함수 ++')
print('-' * 30)
a = input()
print('첫 번째 입력한 것은 : %s 이다.' % a)
print(type(a))
b = input()
print('두 번째 입력한 것은 : %s 이다.' % b)
print(type(b))
print('문자열을 정수로 변환 b = %s' % b)
b = int(b)
print(type(b))
```

그림 2.15는 변수 a는 문자열, 변수 b는 숫자를 입력하고 데이터 형식을 변환한 것을 나타내는 프로그램과 실행 결과이다. 변수 a에는 임의의 문자를 입력하였고 변수 b에는 숫자를 입력하였으며 변수 a와 b는 문자열 데이터 str이라는 것을 화면에 표시하였다. 변수 b는 int를 사용하여 정수형으로 변환하면, 변수 b type은 화면에 int로 표시된다.

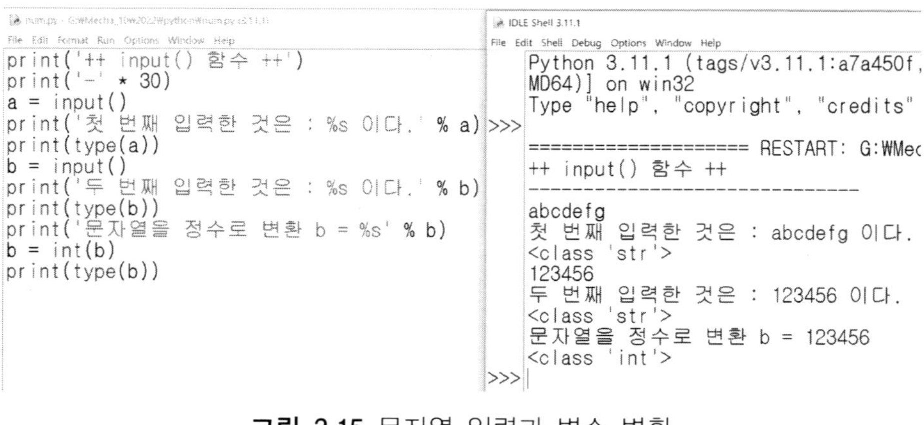

그림 2.15 문자열 입력과 변수 변환

[예제 2.11] 임의의 문자열을 입력하여 화면에 출력하고 숫자를 입력하여 문자열로 인식하는 것과 숫자로 변환하여 임의의 숫자의 합과 평균을 나타내어라.

<프로그램>

```
print("++ 키보드 입력 ++")
# 문자열 입력
name = input('이름을 입력하세요 : ')
print(' %s님 반갑습니다.' % name)
# 숫자 입력 :문자열 인식
x = input('첫번째 숫자를 입력하세요.x=')
y = input('두번째 숫자를 입력하세요.y=')
z = input('세번째 숫자를 입력하세요.z=')
print('x=',x)
print('y=',y)
print('z=',z)
sum = x+y+z
print('sum=',sum)
print('x의 데이터형=',type(x))
print('합계 sum의 데이터형=',type(sum))
# 숫자 입력 : 숫자 인식
print('\n')
x = int(input('첫번째 정수형 숫자를 입력하세요.x='))
y = int(input('두번째 정수형 숫자를 입력하세요.y='))
z = int(input('세번째 정수형 숫자를 입력하세요.z='))
print('x=',x)
print('y=',y)
print('z=',z)
sum = x+y+z
avr = float(sum/3)
print('x의 데이터형=',type(x))
print('합계 sum의 데이터형=',type(sum))
print('평균 avr의 데이터형=',type(avr))
print('sum = %d, average = %f' % (sum, avr))
```

그림 2.16은 세 개의 숫자를 입력하여 변수에 저장한 후에 합계를 구하고 변수와 합계의 데이터형을 화면에 출력하는 프로그램과 실행 결과이다. 세 개의 숫자를 키보드로 입력하면 문자열로 인식하기 때문에 변수 x, y, z의 합을 구하면 sum = 405060으로 출력된다. 다음은 세 개의 숫자를 키보드로 입력하고 int()를 사용하여 입력된 문자열을 정수형으로 변환한 후에 합계와 평균을 구한 것으로서 변수 x와 합계 sum은 정수형, 평균 avr은 실수형으로 계산된 것을 알 수 있다.

```
print("++ 키보드 입력 ++")
# 문자열 입력
name = input('이름을 입력하세요 : ')
print(' %s님 반갑습니다.' % name)
# 숫자 입력 :문자열 인식
x = input('첫번째 숫자를 입력하세요.x=')
y = input('두번째 숫자를 입력하세요.y=')
z = input('세번째 숫자를 입력하세요.z=')
print('x=',x)
print('y=',y)
print('z=',z)
sum = x+y+z
print('sum=',sum)
print('x의 데이터형=',type(x))
print('합계 sum의 데이터형=',type(sum))
# 숫자 입력 : 숫자 인식
print('₩n')
x = int(input('첫번째 정수형 숫자를 입력하세요.x='))
y = int(input('두번째 정수형 숫자를 입력하세요.y='))
z = int(input('세번째 정수형 숫자를 입력하세요.z='))
print('x=',x)
print('y=',y)
print('z=',z)
sum = x+y+z
avr = float(sum/3)
print('x의 데이터형=',type(x))
print('합계 sum의 데이터형=',type(sum))
print('평균 avr의 데이터형=',type(avr))
print('sum = %d, average = %f' % (sum, avr))
```

```
Python 3.7.5 (tags/v3.7.5:5c02a39a0b,
(AMD64)] on win32
Type "help", "copyright", "credits" o
>>>
==================== RESTART: G:₩Mech
++ 키보드 입력 ++
이름을 입력하세요 : 홍길동
 홍길동님 반갑습니다.
첫번째 숫자를 입력하세요.x=40
두번째 숫자를 입력하세요.y=50
세번째 숫자를 입력하세요.z=60
x= 40
y= 50
z= 60
sum= 405060
x의 데이터형= <class 'str'>
합계 sum의 데이터형= <class 'str'>


첫번째 정수형 숫자를 입력하세요.x=40
두번째 정수형 숫자를 입력하세요.y=50
세번째 정수형 숫자를 입력하세요.z=60
x= 40
y= 50
z= 60
x의 데이터형= <class 'int'>
합계 sum의 데이터형= <class 'int'>
평균 avr의 데이터형= <class 'float'>
sum = 150, average = 50.000000
>>>
```

그림 2.16 문자열 입력과 정수형 입력

[예제 2.12] 삼각형의 밑변 길이와 높이를 입력하여 면적을 구하는 프로그램을 작성하라.

<프로그램>

```
print('++ 삼각형 면적 구하기 ++')
print('입력단위는 mm')
width = int(input('폭 : '))
height = int(input('높이 : '))
area = (width * height)/2.0
print('넓이=%f[mm]'% area)
```

그림 2.17은 삼각형 면적을 구하는 프로그램과 결과이며 폭과 높이의 입력 단위는 [mm]으로 제한하였다.

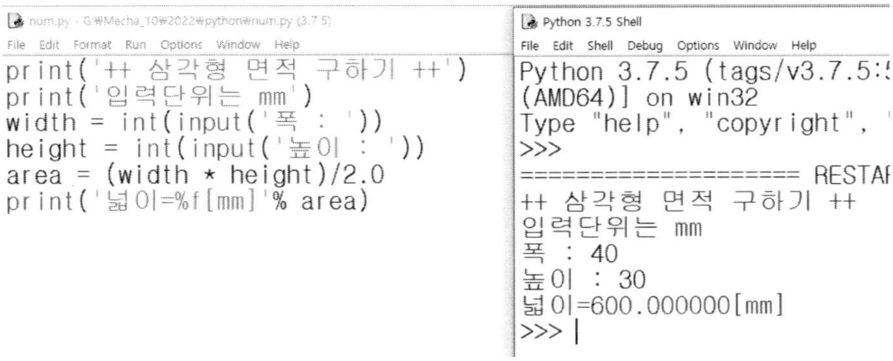

그림 2.17 삼각형 면적

[예제 2.13] 물건을 구매하고 그 값과 개수를 입력한 후에 지급한 금액을 입력하고 거스름돈을 계산하는 프로그램을 작성하라.

<프로그램>

```
print('++ 거스름돈 계산하기 ++')
print('제품 가격 단위는 원, 수량은 갯수')
name = input('구매한 제품명을 입력하세요:')
price = int(input('단가 : '))
buy = int(input('개수 : '))
pay = int(input('지불 금액 : '))
change = pay - price * buy
print('거스름돈 :',change)
```

그림 2.18은 책 3권을 구매하고 지급한 금액에서 거스름돈을 계산하는 프로그램과 실행 결과이다.

```
print('++ 거스름돈 계산하기 ++')
print('제품 가격 단위는 원, 수량은 갯수')
name = input('구매한 제품명을 입력하세요:')
price = int(input('단가 : '))
buy = int(input('개수 : '))
pay = int(input('지불 금액 : '))
change = pay - price * buy
print('거스름돈 :',change)
```

```
Python 3.7.5 (tags/v3.7.5:5c02a39a
(AMD64)] on win32
Type "help", "copyright", "credits
>>>
==================== RESTART: G:WM
++ 거스름돈 계산하기 ++
제품 가격 단위는 원, 수량은 갯수
구매한 제품명을 입력하세요:책
단가 : 25000
개수 : 3
지불 금액 : 100000
거스름돈 : 25000
>>>
```

그림 2.18 거스름돈 계산

2.3 데이터 타입과 사용

표 2.1에서 나타내고 있는 데이터 타입의 종류는 다음과 같다. 불(bool)은 참(True)과 거짓(False)으로 구분하고, 숫자는 정수형(int)과 실수형(float)으로 구분한다. 문자열(str)은 따옴표 ‘ ’, ‘a’를 사용하여 표시하고 리스트(list)는 대괄호[,,,,] 안에 요소를 나열한다. 튜플(tuple)은 괄호(,,,) 안에 요소를 나열하고 딕셔너리(dictionary)는 중괄호{,,,} 안에 요소와 설명문을 나열한다.

2.3.1 불 데이터

불(Bool) 데이터는 참(True)과 거짓(False)을 나타내는 자료형이다.

[예제 2.14] 숫자 2와 20의 크기를 비교하여 참과 거짓으로 판단하는 프로그램을 작성하라.

<프로그램>

```
print("참과 거짓 표현")
x = 2
y = 20
z = 2 > 20
print("2>20 ,",z, type(z))
z = 2 < 20
print("2<20 ,",z, type(z))
```

그림 2.19는 두 개의 정수 크기를 비교하여 참과 거짓을 판단하는 프로그램과 실행 결과이다. 변수를 비교하여 조건문의 조건에 합당하면 참(True)을, 부당하면 거짓(False)을 출력한다.

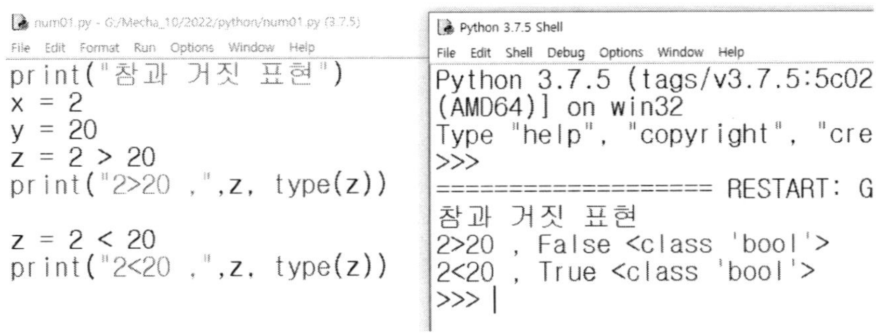

그림 2.19 bool 데이터

2.3.2 문자열 데이터

문자열은 하나 또는 다수의 문자로 구성된 데이터를 의미하고 문자열의 앞 뒤에는 따옴표 ‘’ 또는 쌍 따옴표 “”를 사용하여 다음과 같이 표시한다. 문자열에서 인덱스는 문자열의 각 요소가 존재하는 위치를 나타내고 0부터 시작한다. 문자열은 다음과 같이 표시한다.

```
x = “Python”
```

여기서, x[0]는 “P”, x[1]은 “y”,.... 등으로 나타내며 x[0]는 인덱스이고 그 요소는 P가 된다. 인덱스는 대괄호 [] 안의 숫자로 표시한다.

[예제 2.15] Python 문자열의 인덱스와 요소를 추출하라.

<프로그램>

```
print("문자열의 인덱스와 요소")
x = 'Python'
print('x=',x)
print('x[0]=',x[0])
print('x[1]=',x[1])
print('x[0:3]=',x[0:3])
print('x[5]=',x[5])
print('x[5:]=',x[5:])
print('x[-2]=',x[-2])
```

그림 2.20은 입력한 문자열의 인덱스 요소를 추출하는 프로그램과 실행 결과이다.

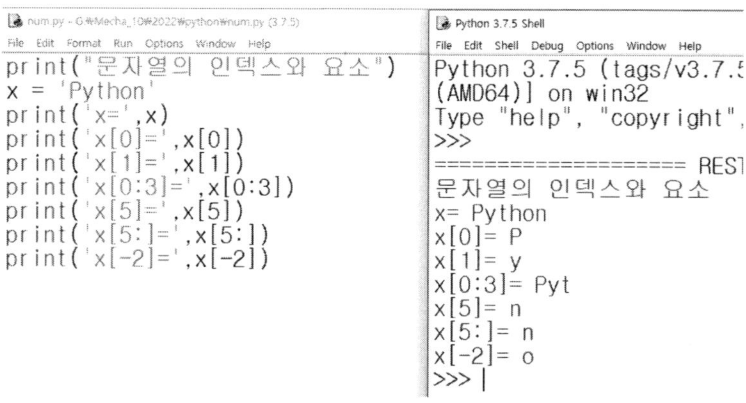

그림 2.20 문자열의 인덱스

☐ len() 함수

len() 함수는 매개변수로 들어온 문자열의 길이를 반환하며, 문자열 내부에 있는 문자의 개수(공백 포함)을 계산해서 반환해주는 함수이다. 또한 리스트 원소의 개수도 반환한다. len()은 다음과 같이 사용한다.

```
len(문자열 또는 문자열 변수)
len(리스트명)
```

☐ count() 함수

count() 함수는 문자열 내부에서 특정 문자의 개수를 구하여 반환하며 다음과 같이 사용한다.

```
string.count(self, x, __start, __end)
string.count(x, __start, __end)
```

여기서, string은 문자열의 변수명을 입력하고 self는 무시하고 작성해도 무방하다. x는 찾는 문자열 또는 찾는 문자를 입력하고 __start와 __end는 찾는 범위의 시작과 끝을 입력한다. count() 함수는 문자열 내부에서 특정 문자 또는 특정 문자열의 개수를 반환해주는 함수로서 대소문자를 구분하고 __start와 __end에 아무것도 넣지 않으면 문자열 처음부터 끝까지 탐색한다.

[예제 2.16] 문자열 x=PhotoMask에서 문자열 길이, k와 M 문자 개수 및 문자열 x[2] ~ x[6]에서 문자 o의 개수를 구하는 프로그램을 작성하라.

<프로그램>

```
print('++ len(), count() 사용 ++')
# 문자열 'PhotoMask' 선언
print('문자열 x = PhotoMask')
x = 'PhotoMask'
print('문자열 길이 =',len(x))
# 문자열에서 'k'가 몇개 있는지 ?
print('x.count("k")')
print('문자열 k갯수 =',x.count('k'))
# 문자열에서 'M'이 몇개 있는지 ?
print('x.count("M")')
print('문자열 M갯수 =',x.count('M'))
# 문자열에서 특정 범위 내부에 'o' 가 몇개 있는지?
# P h o t o M a s k의 인덱스
# 0 1 2 3 4 5 6 7 8
print('문자열 2~6 =',x[2]+'~'+x[6])
print("x.count('o', 2, 6)")
print('문자열 2~6, o갯수 =',x.count('o', 2, 6))
```

그림 2.21은 len() 함수와 count() 함수를 사용하여 문자열에서 문자 개수, 특정 문자 개수를 구하는 프로그램과 실행 결과이다. count() 함수는 특정 문자의 개수를 범위 지정으로 구하거나 범위를 지정하지 않으면 전체 문자열에서 특정 문자의 개수를 구한다.

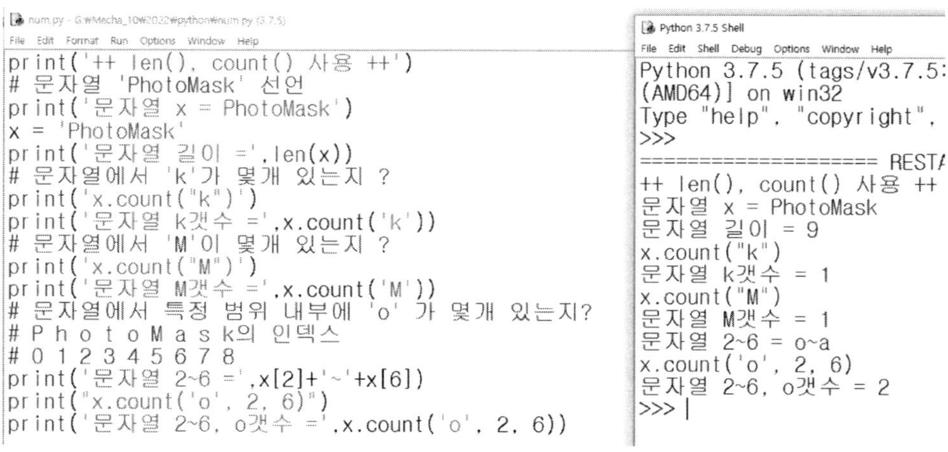

그림 2.21 len() 함수와 count() 함수

2.3.3 리스트 데이터

리스트는 여러 자료를 목록 형태로 관리하는 자료구조로서 순서가 있으며 수정할 수 있다. 리스트(List)는 대괄호[]로 감싸고 콤마를 사용하여 요소를 구분하고 다음과 같이 작성한다.

리스트명 = [요소1, 요소2, 요소3, …]

여기서, 요소1, 요소1, 요소3, …은 리스트의 원소가 되고 따옴표(")로 감싸고 있으면 문자열의 데이터이다.

[예제 2.17] 거듭제곱으로 구성된 리스트를 작성하고 인덱스와 요소를 출력하라.

<프로그램>

```
print("리스트 인덱스와 요소 표현")
squares = [1,4,9,16,25,36]
print('squares =',squares)
print('원소개수 =', len(squares))
print("1x1 =",squares[0])
print("2x2 =",squares[1])
print("3x3 =",squares[2])
print('리스트 [0]~[3] =',squares[0:3])
print('리스트 [3]~ =',squares[3:])
print('리스트 [5]에서 -[3] =',squares[-3])
```

그림 2.22는 거듭제곱의 원소를 가진 리스트에서 특정 원소와 범위를 지정하여 인덱스를 구하는 프로그램과 실행 결과이다. 범위 설정에서 [0:3]은 인덱스 0, 1, 2를 의미하고 [3:]은 인덱스 3, 4, 5를 나타내고 있음에 주의하여야 한다.

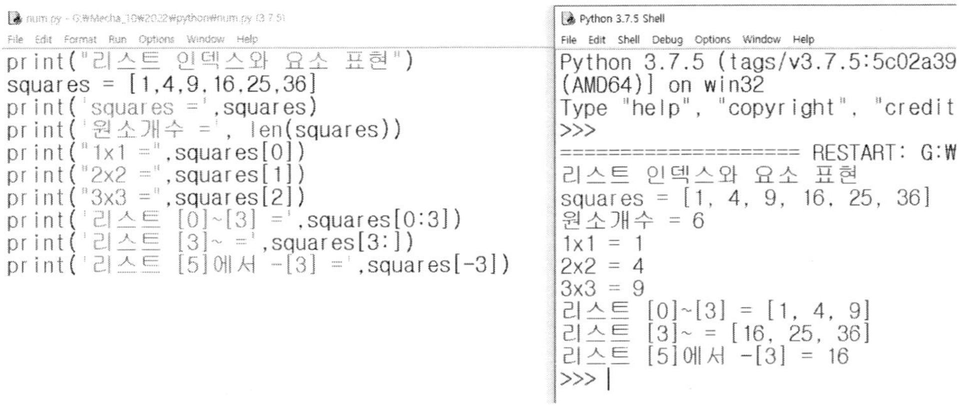

그림 2.22 리스트와 인덱스

[예제 2.18] 거듭제곱과 3승을 나타내는 리스트를 작성하고 인덱스와 요소를 출력하라.

<프로그램>

```
print("리스트 인덱스와 요소 표현")
squares = [1,4,9,16,25,36]
print(squares)
print("1x1 =",squares[0],",1^2 =",1 ** 2,", 1^3 =" ,1 ** 3)
print("2x2 =",squares[1],",2^2 =",2 ** 2,", 2^3 =" ,2 ** 3)
print("3x3 =",squares[2],",3^2 =",3 ** 2,", 3^3 =" ,3 ** 3)
print("4x4 =",squares[3],",4^2 =",4 ** 2,", 4^3 =" ,4 ** 3)
print("5x6 =",squares[4],",5^2 =",5 ** 2,", 5^3 =" ,5 ** 3)
print("6x6 =",squares[5],",6^2 =",6 ** 2,", 6^3 =" ,6 ** 3)
```

그림 2.23은 거듭제곱의 리스트를 작성하고 인덱스를 추출하는 것과 거듭제곱과 3승을 계산하는 프로그램과 실행 결과이다.

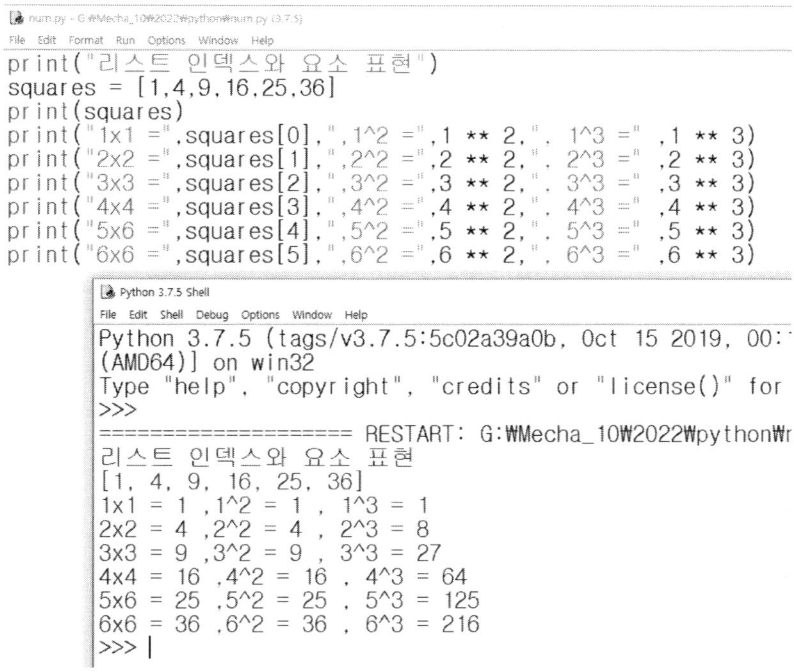

```
num.py - G:\Mecha_10\2022\python\num.py (3.7.5)
File Edit Format Run Options Window Help
print("리스트 인덱스와 요소 표현")
squares = [1,4,9,16,25,36]
print(squares)
print("1x1 =",squares[0],",1^2 =",1 ** 2,", 1^3 =" ,1 ** 3)
print("2x2 =",squares[1],",2^2 =",2 ** 2,", 2^3 =" ,2 ** 3)
print("3x3 =",squares[2],",3^2 =",3 ** 2,", 3^3 =" ,3 ** 3)
print("4x4 =",squares[3],",4^2 =",4 ** 2,", 4^3 =" ,4 ** 3)
print("5x6 =",squares[4],",5^2 =",5 ** 2,", 5^3 =" ,5 ** 3)
print("6x6 =",squares[5],",6^2 =",6 ** 2,", 6^3 =" ,6 ** 3)
```

```
Python 3.7.5 Shell
File Edit Shell Debug Options Window Help
Python 3.7.5 (tags/v3.7.5:5c02a39a0b, Oct 15 2019, 00:
(AMD64)] on win32
Type "help", "copyright", "credits" or "license()" for
>>>
==================== RESTART: G:\Mecha_10\2022\python\r
리스트 인덱스와 요소 표현
[1, 4, 9, 16, 25, 36]
1x1 = 1 ,1^2 = 1 , 1^3 = 1
2x2 = 4 ,2^2 = 4 , 2^3 = 8
3x3 = 9 ,3^2 = 9 , 3^3 = 27
4x4 = 16 ,4^2 = 16 , 4^3 = 64
5x6 = 25 ,5^2 = 25 , 5^3 = 125
6x6 = 36 ,6^2 = 36 , 6^3 = 216
>>>
```

그림 2.23 거듭제곱과 3승

2.3.4 튜플 데이터

튜플(Tuple) 데이터는 리스트 데이터와 비슷하고 사용법도 거의 유사하나 튜플 요소는 변경할 수 없으므로 데이터를 보호해야 하는 보안이 요구되는 곳에 사용되며 리스트와의 차이점은 다음과 같다. 리스트는 대괄호([])를 사용하나 튜플은 소괄호(())를 사용하고 리스트는 요소의 수정이 가능하나 튜플은 요소의 수정이 불가하다.

[예제 2.19] 4개의 문자열을 가진 튜플을 작성하고 임의의 인덱스와 요소를 출력하라.

<프로그램>

```
print("튜플 인덱스와 요소 표현")
menu = ('coffee','cola','beer', 'milk')
print('menu =', menu)
print('menu[0] =', menu[0])
print('menu[0:3] =', menu[0:3])
```

그림 2.24는 4개의 튜플 데이터에서 인덱스를 추출하는 프로그램과 실행 결과이다.

그림 2.24 튜플의 인덱스 추출

▢ if 조건문

if 조건문은 if 다음에 오는 조건문을 테스트해서 참이면 if 다음의 실행문을 수행하고 조건문이 거짓이면 else 다음의 실행문을 수행한다. if 문은 다음과 같이 작성한다.

```
1) if 조건문 :
       실행문, ...

2) if 조건문 :
       실행문, ...
   else :
       실행문, ...

3) if 조건문 :
       실행문, ...
   elif 조건문 :
       실행문, ...
   else :
       실행문, ...
```

여기서, 주의할 사항은 if 문을 만들 때는 if 조건문 : 바로 아래 문장부터 if 문에 속하는 실행문은 들여 쓰기를 해야 한다.

[예제 2.20] 튜플 데이터의 원소는 관리자 ID, 관리자 비밀번호를 입력하여 관리자의 정보를 처리하는 프로그램을 작성하라.

<프로그램>

```
print('++ 튜플 데이터로 관리자 정보처리 ++')
# 사전에 등록된 관리자 정보
admin_info = ('admin','park@1234')
#관리자 아이디 입력
id = input('관리자 아이디를 입력하세요 : ')
#관리자 패스워드 입력
password = input('관리자 패스워드를 입력하세요 : ')
if id == admin_info[0] and password == admin_info[1]:
        print('관리자입니다')
else:
        print('아이디 또는 패스워드가 잘못되었습니다')
```

그림 2.25는 튜플 데이터를 사용하여 사전에 등록되어 있는 관리자 정보와 새롭게 입력되는 아이디와 패스워드를 비교하여 관리자인지 아닌지를 판단하는 프로그램과 실행 결과이다.

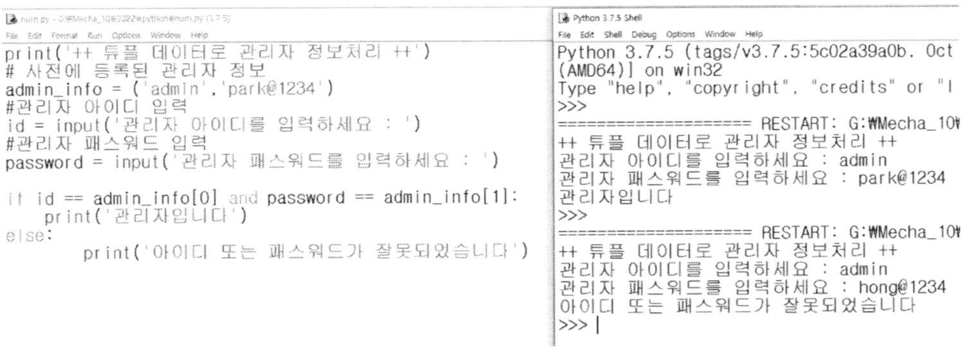

그림 2.25 튜플 데이터 : 관리자 정보처리

2.3.5 딕셔너리 데이터

딕셔너리(Dictionary)는 사전을 의미하는 것으로서, 단어와 그 단어를 설명하는 뜻으로 구성되며 키(key)와 값(value)이 한 쌍으로 이루어진다.

```
members = {'name':'홍길동','age': 40}
```

[예제 2.21] 딕셔너리 데이터를 사용하여 관리자 정보를 출력하는 프로그램을 작성하라.

<프로그램>

```
print('++ 딕셔너리 데이터로 관리자 정보처리 ++')
admin_info = {'성명':'홍길동','직업':'학생','나이': 20,'메일':'hong@1234'}
print('-'*60)
print(admin_info)
print(admin_info['성명'])
print(admin_info['직업'])
print(admin_info['나이'])
print(admin_info['메일'])
```

그림 2.26은 딕셔너리 데이터를 사용하여 등록된 관리자 정보를 화면에 출력하는 프로그램과 실행 결과이다.

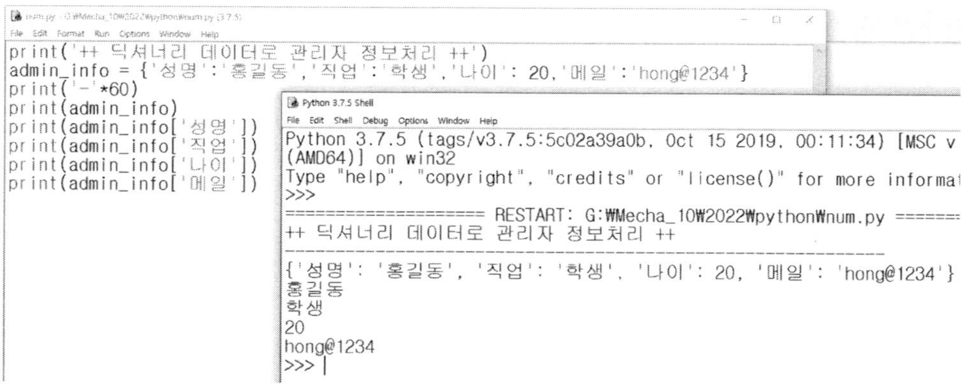

그림 2.26 딕셔너리 데이터 : 관리자 정보출력

[예제 2.22] 딕셔너리 데이터를 사용하여 4명을 성적을 입력하고 합계와 평균을 계산하여 화면에 출력하는 프로그램을 작성하라.

<프로그램>

```
print('++ 딕셔너리 데이터로 4명 성적처리 ++')
print('-'*30)
scores = {'홍길동': 100,'경영진':90,'이나무':85,'강소라':95}
sum = 0
for key in scores:
        sum += scores[key]
        print('%s : %d' %(key, scores[key]))
        avg = sum/len(scores)
print('합계 : %d, 평균 : %.2f' %(sum,avg))
```

그림 2.27은 딕셔너리 데이터로 4명의 성적 합계와 평균을 구하는 프로그램과 실행 결과이다.

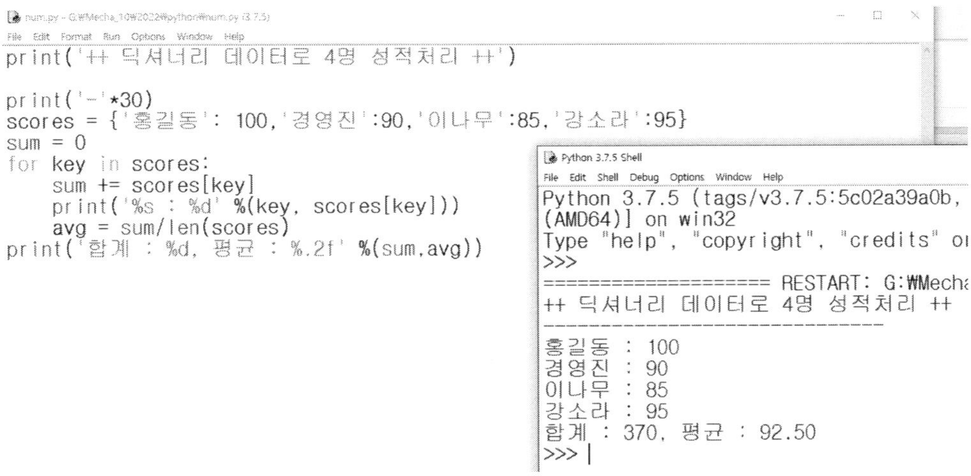

그림 2.27 딕셔너리 데이터 : 성적처리

제3장
제어문

제어문에는 if ~ else ~를 사용하는 조건문, for 문과 while 문을 사용하는 반복문, break 및 continue를 사용하는 분기문으로 구분한다.

3.1 조건문

조건문은 비교 연산자와 논리 연산자를 사용하여 비교 구문을 만들고 연산자의 참과 거짓에 따라서 실행을 다르게 하는 if ~ else ~ 문으로 이루어져 있으며 조건문은 다음과 같이 3가지의 종류가 있다.

- **if ~ 구문**
- **if ~ else ~ 구문**
- **if ~ elif ~ else ~ 구문**

표 3.1은 조건문에서 사용하는 비교 연산자와 논리 연산자의 기호와 기능이다. 비교 연산자는 객체의 크기를 비교하여 참과 거짓으로 구분한다. 논리 연산자는 AND, OR, NOT의 3가지로서 객체를 비교하는 비교 연산자 두 개를 동시에 만족하면 AND, 하나만 만족하여도 참이면 OR, 객체의 조건이 참이면 거짓을 반환하는 NOT으로 구분한다.

표 3.1 비교와 논리 연산자 기호와 기능

비교	기능	논리	기능
a > b	a는 b보다 크다	조건1 and 조건2	조건1과 조건2를 동시에 만족하면 참
a < b	a는 b보다 작다		
a == b	a는 b와 같다	조건1 or 조건2	조건1 또는 조건2 중에 하나만 만족하여도 참
a != b	a는 b와 같지 않다		
a >= b	a는 b보다 크거나 같다	not 조건	조건이 참이면 거짓, 거짓이면 참
a <= b	a는 b보다 작거나 같다		

3.1.1 비교 연산자

□ if 조건문

if 문을 사용하는 조건문은 다음과 같이 사용한다.

```
if 조건문 :
          실행문1
          실행문2
          ,.....
명령문1
```

if 문은 if 다음에 오는 객체의 조건을 비교하여 참이면 실행문1 이하를 실행하고 거짓이면 명령문1을 실행한다. if 문에서 사용되는 실행문은 if 문 다음 행에서 들여쓰기를 하는 것에 주의할 필요가 있다.

[예제 3.1] 크기의 기준을 정하는 임의의 숫자와 입력하는 숫자를 비교하여 크기를 판단하는 프로그램을 작성하라.

〈프로그램〉

```
print('++ if문 기준 숫자와 크기 비교 ++')
print('-'*30)
a = int(input("숫자를 입력하세요 : "))
if a == 5:
          print("입력한 숫자 %s는 5와 같다" % a)
if a > 5:
          print("입력한 숫자 %s는(은) 5보다 크다" % a)
if a < 5:
          print("입력한 숫자 %s는(은) 5보다 작다" % a)
```

그림 3.1은 비교 연산자를 사용하여 기준 숫자와 입력한 숫자를 if 문을 사용하여 크기를 비교하는 프로그램과 실행 결과이다. 여기서 주의할 점은 입력한 숫자는 문자열로 인식하는 것이다.

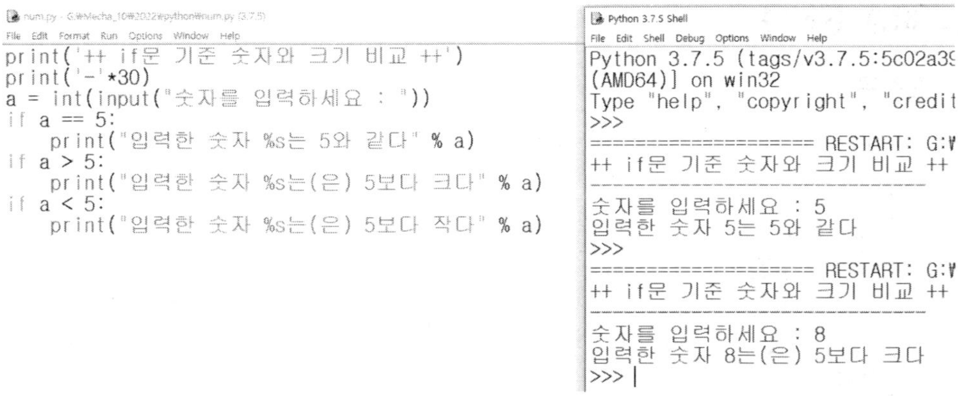

그림 3.1 비교 연산자 : if 문

▢ if 조건문 else 문

if~else~ 문을 사용하는 구조는 다음과 같이 사용한다.

```
if 조건문 :
        실행문1, ...
else :
        실행문2, ...
```

if 문 다음에 오는 조건문이 참이면 실행문1 이하를 실행하고 거짓이면 else 문으로 넘어와서 실행문2 이하를 실행한다.

[예제 3.2] 임의의 숫자를 입력하여 양수와 음수로 구분하고 홀수와 짝수를 구분하라.

<프로그램>

```
print('++ 음양수 및 홀짝 구분 ++')
print('-' * 30)
x = int(input('정수 x : '))
if x > 0 :
        print('x = %d 양수',x)
else :
        print('x = %d 0 또는 음수',x)
if x % 2 == 0 :
        print('x = %d 짝수',x)
else :
        print('x = %d 홀수',x)
```

그림 3.2는 if~else~ 문을 사용하여 입력한 정수의 음수/양수와 홀수/짝수를 판단하는 프로그램과 실행 결과이다. 크기를 비교하는 연산자와 나머지를 구하는 연산자를 사용한다.

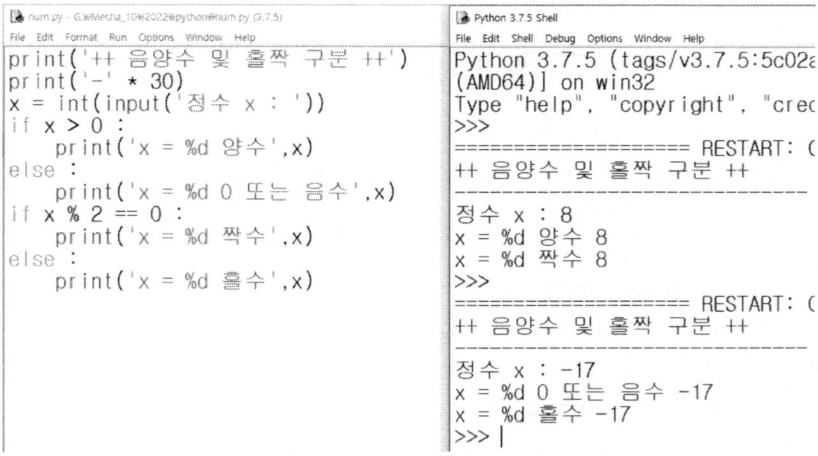

그림 3.2 비교 연산자 : if~else~ 문

▢ if 조건문 elif 조건문, ... else 문

if~elif~ else~ 문을 사용하는 구조는 다음과 같이 사용한다.

```
if 조건문1 :
        실행문1, ...
elif 조건문2 :
        실행문2, ...
else :
        실행문3, ....
```

if 문 다음에 오는 조건문1이 참이면 실행문1 이하를 실행하고 거짓이면 elif 문으로 넘어와서 조건문2를 비교하여 참이면 실행문2 이하를 실행한다. 조건문2가 거짓이면 else 문으로 넘어와서 실행문3 이하를 실행한다.

[예제 3.3] 두 개의 정수 a와 b를 입력하고 크기를 비교하여 "a는 b보다 크다", "a는 b보다 작다", "a와 b는 같다"로 판단하는 프로그램을 작성하라.

<프로그램>

```
print('++ 두 개의 숫자 크기 비교 ++')
print('-' * 30)
print('두 개의 정수를 입력')
a = int(input('a = '))
b = int(input('b = '))
if a > b:
        print('a는 b보다 크다')
        print('a=%d > b=%d' %(a ,b))
elif a == b:
        print('a는 b와 같다')
        print('a=%d = b=%d' %(a, b))
else :
        print('a는 b보다 작다')
        print('a=%d < b=%d' %(a, b))
```

그림 3.3은 두 개의 정수 a와 b를 입력하여 크기를 비교하고 판단한 결과를 출력하는 프로그램과 실행 결과이다.

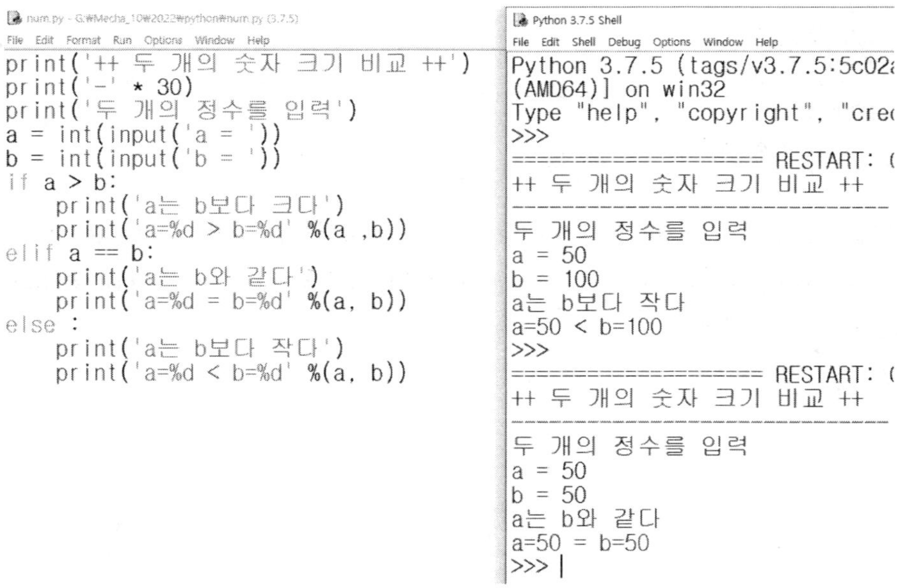

그림 3.3 비교 연산자 : if~elif~else 문

[예제 3.4] 두 개의 정수 a와 b를 입력하고 분자 a를 분모 b로 나누어서 몫과 나머지를 구하는 프로그램을 작성하라.

<프로그램>

```
print('++ 두 개의 정수 나누기 ++')
print('-' * 30)
print('두 개의 정수 입력')
print('분자 입력')
a = int(input('a = '))
print('분모 입력')
b = int(input('b = '))
If b !=0 :
        if a % b == 0:
                print('a는 b로 나누어 떨어짐')
                print('a/b = ', a/b)
        elif a % b != 0:
                print('a는 b로 나누어지지않음')
                print('몫=%d, 나머지=%d' %(a/b, a%b))
else :
        print('분모가 0이므로 나눌수 없음')
```

그림 3.4는 두 개의 정수를 입력하고 if~else 문과 if~elif 문으로 나누기를 실시하여 몫과 나머지를 구하는 프로그램과 실행 결과이다.

num.py - G:₩Mecha_10₩2022₩python₩num.py (3.7.5)

File Edit Format Run Options Window Help

```
print('++ 두 개의 정수 나누기 ++')
print('-' * 30)
print('두 개의 정수 입력')
print('분자 입력')
a = int(input('a = '))
print('분모 입력')
b = int(input('b = '))
if b !=0 :
    if a % b == 0:
        print('a는 b로 나누어 떨어짐')
        print('a/b = ', a/b)
    elif a % b != 0:
        print('a는 b로 나누어지지않음')
        print('몫=%d, 나머지=%d' %(a/b, a%b))
else :
    print('분모가 0이므로 나눌수 없음')
```

Python 3.7.5 Shell

File Edit Shell Debug Options Window Help

```
Python 3.7.5 (tags/v3.7.5:5
(AMD64)] on win32
Type "help", "copyright", '
>>>
==================== RESTAR
++ 두 개의 정수 나누기 ++
------------------------------
두 개의 정수 입력
분자 입력
a = 9
분모 입력
b = 2
a는 b로 나누어지지않음
몫=4, 나머지=1
>>>
==================== RESTAR
++ 두 개의 정수 나누기 ++
------------------------------
두 개의 정수 입력
분자 입력
a = 8
분모 입력
b = 4
a는 b로 나누어 떨어짐
a/b =  2.0
>>> |
```

그림 3.4 비교 연산자 : if~elif 문

3.1.2 논리 연산자

논리 연산자는 비교 연산자와 마찬가지로 if 문, for 문, while 문에 주로 사용되며, and, or, not의 3종류가 있다.

□ if 조건문 else 문 : AND와 NOT

[예제 3.5] 이름, 필기시험과 실기시험 성적을 입력하고 성적이 동시에 80점 이상일 경우에는 합격, 하나라도 만족하지 않으면 불합격을 판정하는 프로그램을 작성하라.

<프로그램>

```
print('++ 시험 합격 여부 판정 ++')
print('-' * 30)
name = input('이름을 입력하세요 : ')
if not name :
        print('이름을 입력하지 않았네요 !')
else :
        print('이름 : %s' % name)
x = int(input('필기성적 x : '))
y = int(input('실기성적 y : '))
if x >= 80 and y >= 80 :
        print('합격 !')
else :
        print('불합격 !')
```

그림 3.5는 필기와 실기시험 성적을 입력하고 기준점수 80을 동시에 만족하면 합격, 하나라도 만족하지 않으면 불합격을 판정하는 프로그램과 실행 결과이다.

```
num.py - G:₩Mecha_10₩2022₩python₩num.py (3.7.5)
File Edit Format Run Options Window Help
print('++ 시험 합격 여부 판정 ++')
print('-' * 30)
name = input('이름을 입력하세요 : ')
if not name :
    print('이름을 입력하지 않았네요 !')
else :
    print('이름 : %s' % name)

x = int(input('필기성적 x : '))
y = int(input('실기성적 y : '))
if x >= 80 and y >= 80 :
    print('합격 !')
else :
    print('불합격 !')
```

```
Python 3.7.5 Shell
File Edit Shell Debug Options Window Help
Python 3.7.5 (tags/v3.7.5:5c0
(AMD64)] on win32
Type "help", "copyright", "cr
>>>
==================== RESTART:
++ 시험 합격 여부 판정 ++
------------------------------
이름을 입력하세요 : 홍길동
이름 : 홍길동
필기성적 x : 80
실기성적 y : 90
합격 !
>>>
==================== RESTART:
++ 시험 합격 여부 판정 ++
------------------------------
이름을 입력하세요 : 경영진
이름 : 경영진
필기성적 x : 70
실기성적 y : 90
불합격 !
>>> |
```

그림 3.5 논리 연산자 : AND와 NOT

☐ if 조건문 elif 조건문 else 문 : NOT

[예제 3.6] 이름, 성적을 입력하고 점수를 등급으로 판단하라. 단, 등급의 분류는 A = 90~100, B = 80~89, C = 70~79, D = 60~69, F<60이다.

<프로그램>

```
print('++ 점수에 따른 등급  ++')
name = input('이름을 입력하세요 : ')
if not name :
        print('이름을 입력하지 않았네요 !')
else :
        print('이름 : %s' % name)
x = int(input('점수를 입력하세요 : '))
if x >= 90 :
        grade = 'A'
elif x >= 80 :
        grade = 'B'
elif x >= 70 :
        grade = 'C'
elif x >= 60 :
        grade = 'D'
else :
        grade = 'F'
print('₩n')
print('이름 : %s' % name)
print('성적 : %d점' % x)
print('등급 : %s' % grade)
```

그림 3.6은 이름과 성적을 입력하고 성적의 등급을 분류하기 위하여 if~elif~,... else 문과 논리 연산자 NOT을 사용한 프로그램과 실행 결과이다.

```
print('++ 점수에 따른 등급 ++')
print('-' * 30)
name = input('이름을 입력하세요 : ')
if not name :
    print('이름을 입력하지 않았네요 !')
else :
    print('이름 : %s' % name)

x = int(input('점수를 입력하세요 : '))

if x >= 90 :
    grade = 'A'
elif x >= 80 :
    grade = 'B'
elif x >= 70 :
    grade = 'C'
elif x >= 60 :
    grade = 'D'
else :
    grade = 'F'
print('이름 : %s' % name)
print('성적 : %d점' % x)
print('등급 : %s' % grade)
```

```
Python 3.7.5 (tags/v3.7.5:5c0
(AMD64)] on win32
Type "help", "copyright", "cr
>>>
==================== RESTART:
++ 점수에 따른 등급 ++
------------------------------
이름을 입력하세요 : 홍길동
이름 : 홍길동
점수를 입력하세요 : 95
이름 : 홍길동
성적 : 95점
등급 : A
>>>
==================== RESTART:
++ 점수에 따른 등급 ++
------------------------------
이름을 입력하세요 : 경영진
이름 : 경영진
점수를 입력하세요 : 87
이름 : 경영진
성적 : 87점
등급 : B
>>>
```

그림 3.6 논리 연산자 : NOT

3.2 반복문

프로그램을 작성하다 보면 특정한 코드를 반복해야 구현되는 경우가 있으므로 이러한 경우에 사용하는 반복문은 for 문과 while 문으로 구분하고 다음과 같은 기본적인 구조를 가진다.

```
for 변수 in range(stop) :
        실행문1
while 조건식 :
        실행문2
```

for 문과 while 문의 기본구조를 사용하여 문자열 “파이썬 안녕!!”을 5회 반복하여 출력하는 프로그램을 작성하여 보자.

<프로그램>

```
print('++ 반복문 : for, while  ++')
print('for 문')
for x in range(5) :
        print('파이썬 안녕!!')
        print('₩n')
print('while 문')
x = 0
while x < 5 :
        print('파이썬 안녕!!')
        x += 1
```

그림 3.7은 for 문과 while 문을 사용하여 문자열을 5회 반복하여 화면에 출력하는 프로그램과 실행 결과를 나타낸다. range() 함수 안에 있는 정수 5는 종료하는 횟수를 나타내고 while 문의 조건문 x〈5는 변수 x가 0에서 1씩 증가하여 5보다 작을 때까지 반복하여 문자열을 화면에 출력한다.

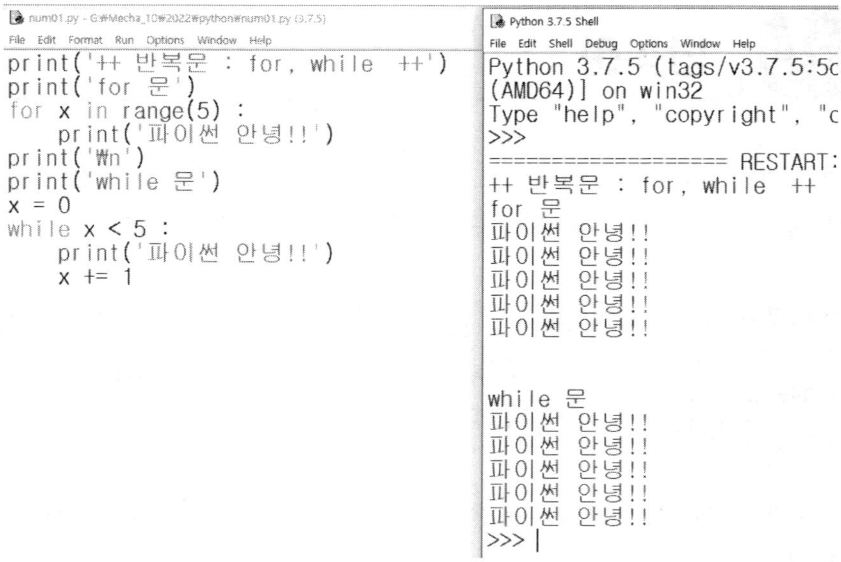

그림 3.7 for 문과 while 문

3.2.1 for 문

□ for 문과 문자열 출력

for 문에서 문자열을 입력하고 입력한 문자열에서 문자 하나씩 세로로 출력하는 프로그램을 살펴보자.

<프로그램>

```
print('++  문자열을 세로로 하나씩 출력  ++')
print('-' * 30)
word = input('임의의 문자열을 입력하세요:')
for x in word :
        print(x)
```

그림 3.8은 input() 함수를 사용하여 입력한 문자열에서 문자 하나씩 세로로 출력하는 프로그램과 실행 결과이다. for 문에서는 범위를 결정하기 위해 사용하는 함수로서 range()를 사용하고 있으나 임의의 변수인 word를 사용해도 실현 가능하다는 것을 알 수 있다.

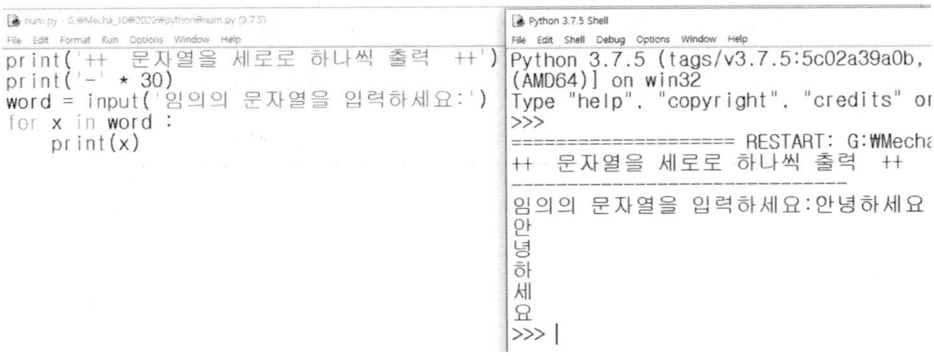

그림 3.8 문자열 세로로 출력

□ for 문과 range() 함수

for 문은 범위를 설정하기 위하여 range() 함수를 사용하며 기본구조는 다음과 같다.

```
        for 변수 in range(범위) :
                실행문, ...
```

여기서, 범위를 나타내는 range() 함수는 range(stop), range(start, stop), range(start, stop, step)로 구분하고 step은 증가와 감소하는 값을 사용할 수 있다. for 문이 작용하면 변수가 range() 함수에서 정하는 범위 내에서 실행문을 수행한다.

표 3.1은 화면에 출력하기 위한 이스케이프의 코드와 기능이다.

표 3.1 이스케이프 코드와 기능

이스케이프 코드	기능
₩n	줄 바꿈
₩t	탭 공간
₩₩	₩표 자체를 표시
₩'	'표를 표시
₩ "	"표를 표시

▢ range(stop) 함수

range(10)는 0, 1, 2, 3, 4, 5, 6, 7, 8, 9 숫자를 생성한다. range() 함수의 결과를 바로 확인하기 위해 리스트(list)로 변환하고 마지막 숫자는 포함되지 않는다.

<프로그램>

```
print('++  range(10) 함수 ++')
print('-' * 30)
a = range(10)
print(a)
b = list(range(10))
print(b)
```

그림 3.9는 range(10) 함수를 사용하여 range() 함수의 특성과 그 결과를 리스트 데이터로 표시하는 프로그램과 실행 결과이다.

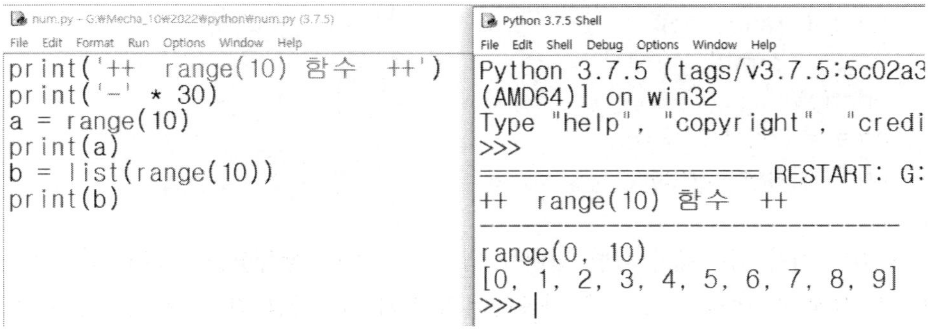

그림 3.9 for 문과 range(10)

□ for 문과 range(stop)

for 문에서는 범위를 최종 단계만을 설정하는 for 문의 기본구조는 다음과 같다.

```
for 변수 in range(stop) :
        실행문, ...
```

여기서, stop은 마지막 단계를 표시하며, 0 ~ stop-1의 범위 내에서 실행문을 수행한다.

[예제 3.7] 직각 삼각형의 밑변의 길이를 입력하여 점으로 직각 삼각형을 그리고 면적을 구하는 프로그램을 작성하라.

<프로그램>

```
print(' ++ 직각 삼각형 그리기 ++')
print('-' * 30)
leg = int(input('밑변의 길이 : '))
for i in range(leg):
        print('.' *(i+1))
print('₩n')
area = (leg **2)/2.0
print('넓이 =', area)
```

그림 3.10은 직각 삼각형의 밑변 길이를 입력하여 직각 삼각형을 그리고 면적을 구하는 프로그램과 실행 결과이다. for 문을 사용하여 밑변의 길이만큼 점의 개수를 사용하여 줄을 바꾸면서 직각 삼각형을 그린다.

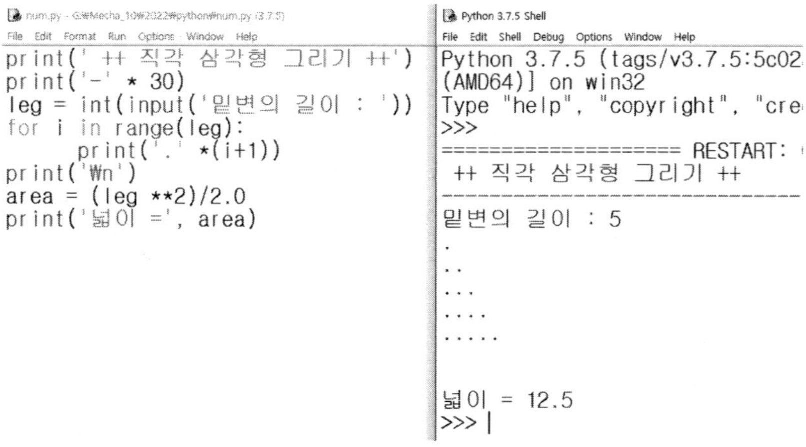

그림 3.10 직각 삼각형 그리기 : for 문과 range(stop)

[예제 3.8] 표 3.1에서 나타낸 이스케이프 코드의 기호를 사용하여 기능을 나타내는 프로그램을 작성하라.

<프로그램>

```
print(' ++ 이스케이프 코드 사용법 ++')
print('-' * 30)
print('줄바꿈 표시코드, ₩n')
print('빈 공간 표시코드, ')
for x in range(10):
        print(x, end=' ')
print("₩n")
print('탭 공간 표시코드, ₩t')
for x in range(10):
        print(x, end='₩t')
print("₩n")
print('₩ 표시코드, ₩₩')
for x in range(10):
        print(x, end='₩₩')
print("₩n")
print('따옴표 표시코드,')
for x in range(10):
        print(x, end='₩'')
print("₩n")
print('쌍따옴표 표시코드,')
for x in range(10):
        print(x, end='₩"')
```

그림 3.11은 표 3.1에서 나타낸 이스케이프 코드와 기능을 알아보기 위한 프로그램과 실행 결과이다. 여기서 주의해야 할 코드는 따옴표와 쌍따옴표 코드이다.

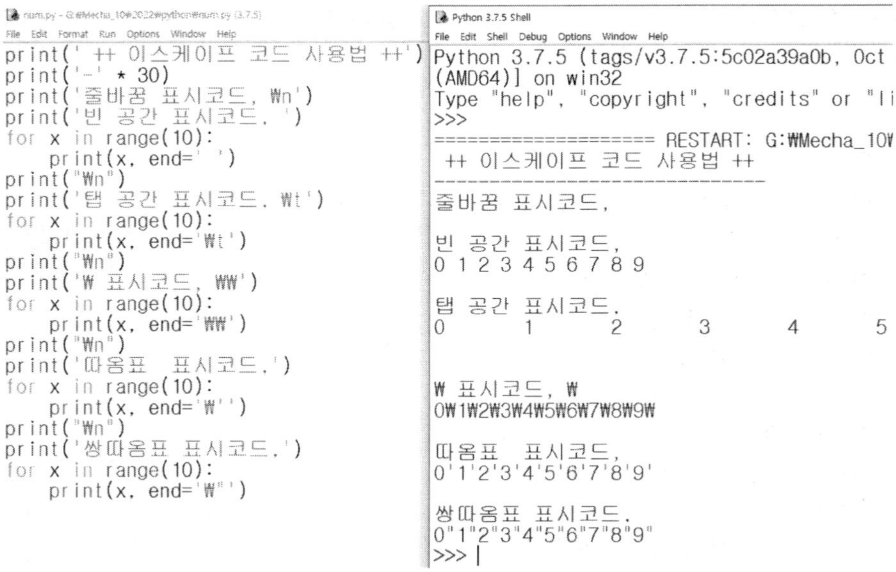

그림 3.11 이스케이프 코드와 기능

□ for 문과 range(start, stop)

for 문에서 range(1, 11)는 1, 2, 3, 4, 5, 6, 7, 8, 9, 10 숫자를 생성하고 인자를 2개 사용하는 경우, 첫 번째 인자는 시작하는 숫자가 된다. 기본구조는 다음과 같다.

```
for 변수 in range(start, stop) :
        실행문, ...
```

여기서, start는 시작을 의미하고 stop은 마지막 단계를 표시하며, start ~ stop-1의 범위 내에서 실행문을 수행한다.

[예제 3.9] 정수 1에서 10까지의 합계를 구하라.

<프로그램>

```
print('++ 1~10 합계  ++')
print('-' * 30)
sum = 0
for x in range(1,11) :
        sum += x
        print('x의 값 : %d, 합계 : %d' %(x,sum))
```

그림 3.12는 정수 1~10까지 합계를 구하기 위한 프로그램과 실행 결과이며 range(start, stop) 함수에서 시작과 끝의 범위를 정하도록 하였다.

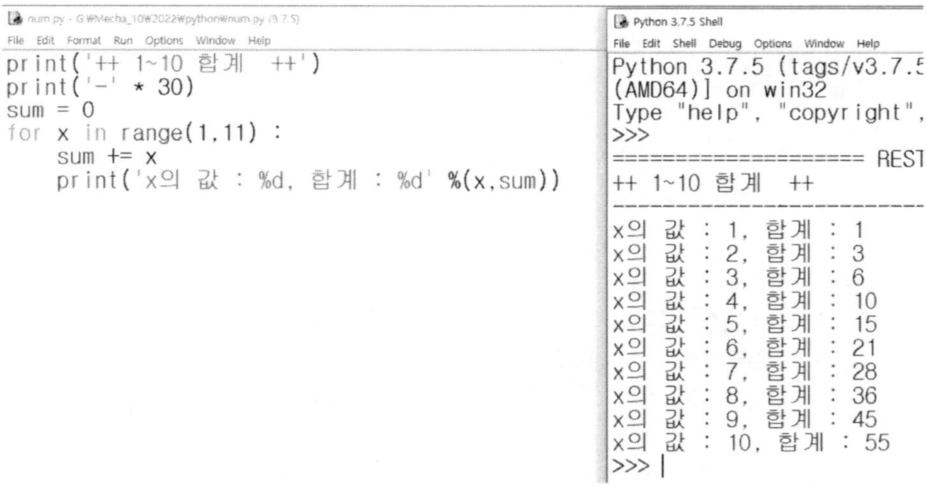

그림 3.12 정수 1~10까지 합계 : range(start, stop)

□ for 문과 range(start, stop, step)

for 문에서 range(0, 20, 2)는 0, 2, 4, 6, 8, 10, 12, 14, 16, 18로 나타내며, 마지막 인자인 step은 숫자의 간격을 나타낸다. 기본구조는 다음과 같다.

```
for 변수 in range(start, stop, step) :
        실행문, ...
```

여기서, start는 시작을 의미하고 stop은 마지막 단계를 표시하며 step은 간격을 나타내므로 시작과 끝 stop-1 범위 내에서 step 간격으로 실행문을 수행한다.

[예제 3.10] 정수 0에서 20까지 짝수를 리스트 데이터로 표시하고 합계를 구하라.

<프로그램>

```
print('++ 0~20까지 짝수 합계  ++')
print('-' * 30)
a = range(0,21,2)
print(a)
b = list(range(0,21,2))
print(b)
sum = 0
for x in range(0,21,2) :
        sum += x
        print('x의 값 : %d, 합계 : %d' %(x,sum))
```

그림 3.13은 정수 0 ~ 20까지 짝수를 리스트 데이터로 표시하고 합계를 구하는 프로그램과 실행 결과이며 range(start, stop, step) 함수를 사용한다.

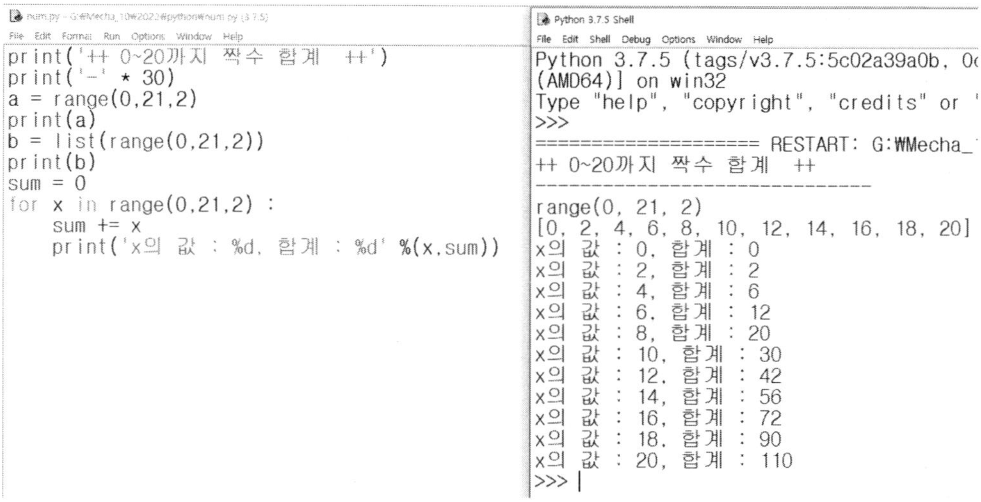

그림 3.13 짝수 합계 : range(start, stop, step)

[예제 3.11] for 문에서 세 가지의 range() 함수를 사용하여 0 ~ 20까지 출력하라.

<프로그램>

```
print(' ++ range() 함수 사용법 ++')
print('-' * 30)
print('range(21)')
for x in range(21):
        print(x, end=' ')
print('\n')
print('range(0,21)')
for x in range(0,21) :
        print(x, end=' ')
print('\n')
print('range(0,21,2)')
for x in range(0,21,2) :
        print(x, end=' ')
```

그림 3.14는 for 문에서 범위를 설정하는 range() 함수 세 가지 방법을 사용하여 정수 0 ~ 20을 화면에 출력하는 프로그램과 실행 결과이다.

그림 3.14 range() 함수의 범위 설정

3.2.2 이중 for 문

이중 for 문은 for 문안에 또 다른 for 문이 있는 구조로서 다음과 같은 형식을 가진다.

```
for x in range() :
        for y in range() :
                실행문, ...
```

여기서, range() 함수는 for 문을 실행하기 위한 범위를 나타낸다.

[예제 3.12] 정수 2를 1 ~ 9까지 곱셈을 하는 프로그램을 for 문과 이중 for 문으로 실현하는 프로그램을 작성하라.

<프로그램>

```
print("++  for문과 이중 for문  ++")
print('-' * 30)
print("for 문")
x = 2
for y in range(1,10) :
        z = x * y
        print(' %d X %d = %d' % (x,y,z))
print("이중 for 문")
for x in range(2,3) :
        for y in range(1,10) :
                z = x * y
                print(' %d X %d = %d' % (x,y,z))
```

그림 3.15는 for 문과 이중 for 문을 사용하여 정수 2에 1 ~ 9를 곱셈하는 프로그램과 실행 결과이다.

```
num.py - G:\Mecha_10\2022\python\num.py (3.7.5)
File Edit Format Run Options Window Help
print("++  for문과 이중 for문  ++")
print('-' * 30)
print("for 문")
x = 2
for y in range(1,10) :
    z = x * y
    print(' %d X %d = %d' % (x,y,z))
print("이중 for 문")
for x in range(2,3) :
    for y in range(1,10) :
        z = x * y
        print(' %d X %d = %d' % (x,y,z))
```

```
Python 3.7.5 Shell
File Edit Shell Debug Options Window Help
Python 3.7.5 (tags/v3.7.5:5
(AMD64)] on win32
Type "help", "copyright", "
>>>
==================== RESTAR
++  for문과 이중 for문  ++
------------------------------
for 문
 2 X 1 = 2
 2 X 2 = 4
 2 X 3 = 6
 2 X 4 = 8
 2 X 5 = 10
 2 X 6 = 12
 2 X 7 = 14
 2 X 8 = 16
 2 X 9 = 18
이중 for 문
 2 X 1 = 2
 2 X 2 = 4
 2 X 3 = 6
 2 X 4 = 8
 2 X 5 = 10
 2 X 6 = 12
 2 X 7 = 14
 2 X 8 = 16
 2 X 9 = 18
>>> |
```

그림 3.15 for 문과 이중 for 문

☐ format() 함수

그림 3.16은 format() 함수의 형식이다. format() 함수는 문자열을 출력할 때에 서식 지정자를 사용하여 중괄호 { } 내부에 순차적으로 데이터를 입력하는 기능을 가지고 있으며 기본구조는 다음과 같다.

'{ }, { }, ...' .format(변수1, 변수2,. ..)

여기서, 중괄호 { } 안에 포매팅을 지정하고 format 함수의 인자로 변수1, 변수2, ...를 사용한다. 주의해야 할 것은 .format() 함수의 앞부분에 있는 점 "." 표시를 잘못 입력하면 에러가 발생한다.

```
>>> help(format)
Help on built-in function format in module builtins:

format(value, format_spec='', /)
    Return value.__format__(format_spec)

    format_spec defaults to the empty string.
    See the Format Specification Mini-Language section of help('FORMATTING') for
    details.

>>> |
```

그림 3.16 format() 함수

[예제 3.13] 이중 for 문과 리스트 데이터, range() 함수를 사용하여 구구단을 출력하는 프로그램을 작성하라.

<프로그램>

```
print("++  구구단 작성 : 이중 for문  ++")
print('-' * 30)
print('리스트와 이중 for 문')
a=[2,3,4,5,6,7,8,9]
b=[1,2,3,4,5,6,7,8,9]
for back in b :
        for front in a :
                z = front * back
                print("{}x{}={}".format(front, back,z), end='\t')
        print(' ')
print('\n')
print('range() 함수와 이중 for 문')
for back in range(1,10) :
        for front in range(2,10) :
                z = front * back
                print("{}x{}={}".format(front, back,z), end='\t')
        print(' ')
```

그림 3.17은 이중 for 문과 리스트 데이터 및 range() 함수를 사용하여 구구단을 화면에 출력하는 프로그램과 실행 결과이다. format() 함수 다음에 print() 함수의 인자로 사용하는 end='₩t'는 format() 함수의 끝부분에 탭 간격 띄우기를 나타낸다.

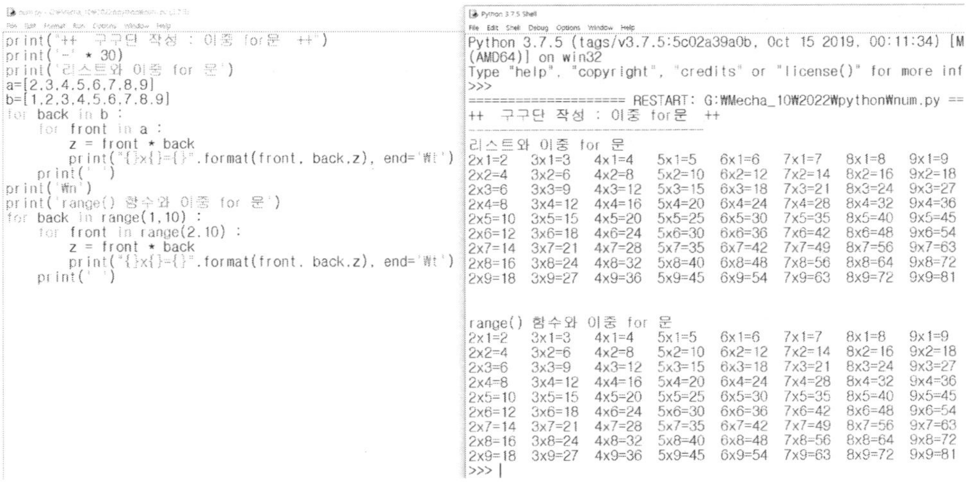

그림 3.17 이중 for 문과 구구단

3.2.3 while 문

▢ while 조건문

while 문은 조건을 만족하면 반복하는 제어기능을 가진 명령어로, 기본구조는 다음과 같다.

```
while 조건문 :
        실행문 1, ...
        break 또는 continue
else :
        실행문 a, ...
```

여기서, 조건문이 참(True)이면 실행문 1 이하를 실행하고 break를 만나면 while 문에서 빠져나가고 continue를 만나면 while 문의 조건문을 반복하여 실행한다. 조건문이 거짓(False)이면 else에 있는 실행문 a 이하를 실행하며, else는 사용하지 않을 수도 있다. while 조건문에 True(혹은 1)를 입력할 경우에는 실행문을 무한 반복한다. 무한 반복 작업에서 빠져나갈 필요가 있으면, 실행문 내에 if 조건문과 break를 활용하여 특정 상황에서 무한루프가 끝나도록 프로그램을 설계한다.

▢ while 무한루프와 break 문

프로그램을 작성하다 보면 무한히 반복해야 하는 경우가 발생한다. 무한 반복하는 프로그램은 for 문과 while 문을 사용하여 작성할 수 있으며 while 문을 사용하는 기본구조는 다음과 같다.

```
while True:
        문장1
        문장2
        ...
```

여기서, while 문의 조건문이 True이므로 항상 참이 되므로 while 문 다음의 문장1, 문장2 이하를 무한히 반복하고 중단할 필요가 있으면 조건문 if와 break 문을 사용한다.

[예제 3.14] 문자열 "안녕하세요"를 10회 반복하여 화면에 출력하고 종료하도록 while 문을 사용하여 무한루프 프로그램을 작성하라.

<프로그램>

```
print("++  while 문을 사용한 무한루프 ++")
print('-' * 30)
print('정수 10이면 종료')
x = 0
while True :
        print('%d. 안녕하세요' % x)
        if(x == 10):
                break
        x +=1
```

그림 3.18은 문자열을 무한 반복하여 화면에 출력하는 프로그램에서 정수가 10이 되면 무한루프에서 빠져나오는 프로그램과 실행 결과이다.

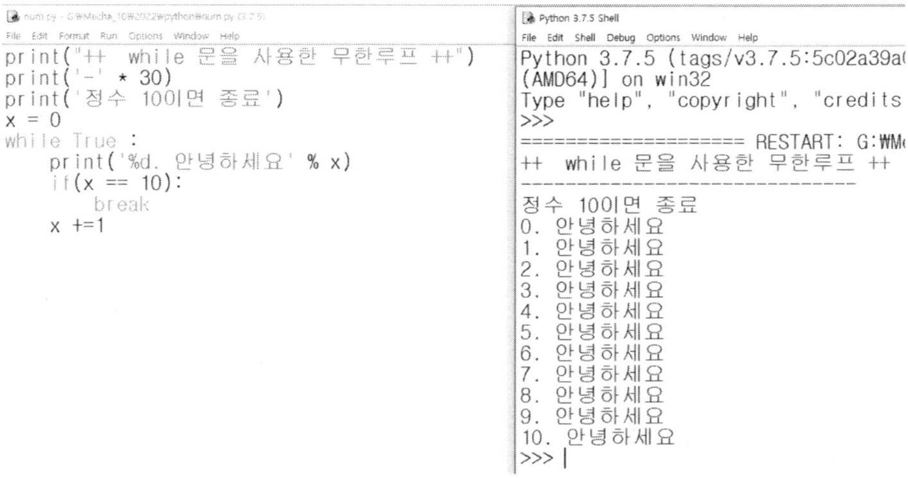

그림 3.18 무한루프 : while 문

▢ while 문의 기본구조

반복문으로 사용하는 while 문의 기본구조는 다음과 같다.

```
변수 초기화
while 조건식 :
          문장 1
          문장 2
          .....
          변수 증가(또는 감소)
```

여기서, while 문은 조건식이 참(True)이면 문장 1 이하를 실행하고 거짓(False)이면 while 문을 종료한다.

[예제 3.15] while 문을 사용하여 숫자 1 ~ 10까지 1씩 증가시켜 합계를 구하는 프로그램을 작성하라.

<프로그램>

```
print("++  while 문  ++")
sum = 0
x = 1
while x <=10 :
          sum += x
          print(' %d , 합계 = %d' % (x,sum))
          x += 1
```

그림 3.19는 while 문을 사용하여 정수 1에서 10까지를 더하여 합계를 구하여 프로그램과 실행 결과이다.

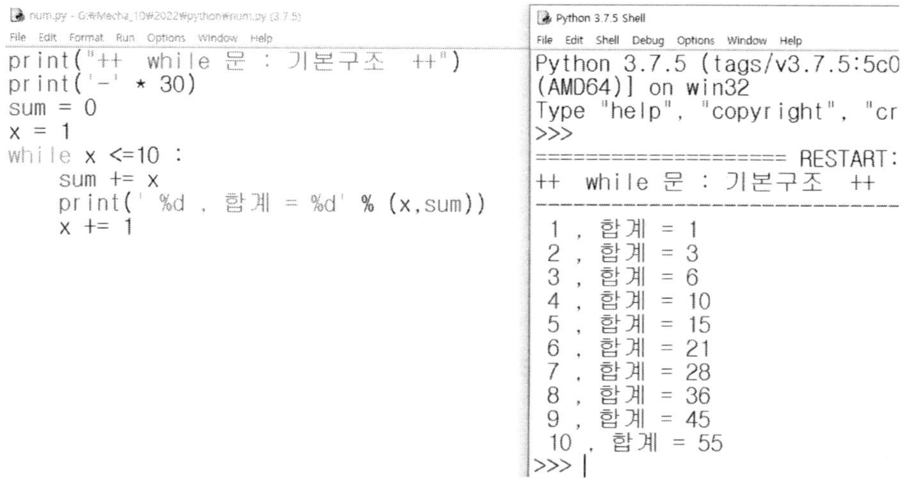

그림 3.19 1에서 10까지 합계 : while 문

▢ while 문과 input() 함수

[예제 3.16] 정수 1개를 입력받아서 입력받은 숫자만큼 반복하여 1에서부터 시작하여 제곱표를 출력하는 프로그램을 작성하라.

<프로그램>

```
print("++  input() 함수와 while 문  ++")
print('-' * 30)
num = int(input('반복횟수 입력 = '))
print('output')
i = 1
while i <= num:
        print(i,'x',i,'=', i **2)
        i += 1
```

그림 3.20은 입력한 정수의 값까지 1에서부터 정수의 제곱표를 만들어서 출력하도록 while 문을 사용해서 만든 프로그램과 실행 결과이다.

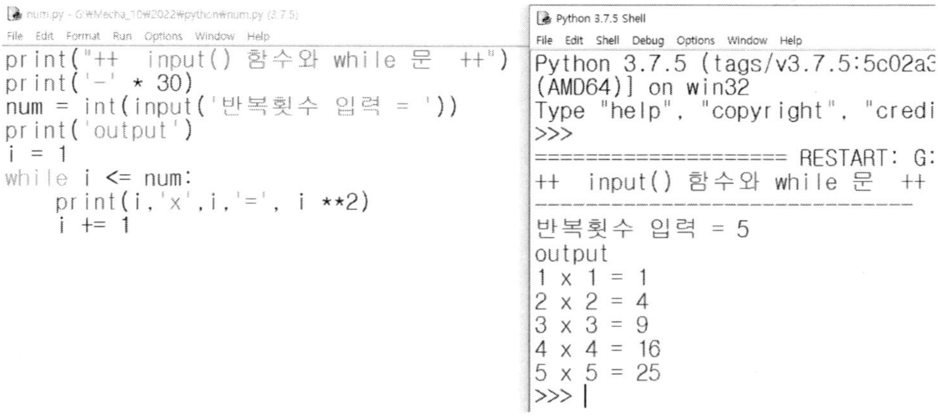

그림 3.20 정수의 제곱표 출력 : while 문

[예제 3.17] 시작 숫자와 마지막 숫자를 입력하고 임의의 배수를 입력한 후에 임의의 배수 합계를 구하라.

<프로그램>

```
print("++  input() 함수와 while 문  ++")
print('-' * 30)
num1 = int(input('시작 숫자를 입력하세요 :'))
num2 = int(input('마지막 숫자를 입력하세요 :'))
n = int(input('배수를 입력하세요 :'))
sum = 0
x = num1
while x <= num2 :
        if x % n == 0 :
                sum += x
        x += 1
print('%d ~ %d까지 %d 배수합계 = %d' %(num1, num2, n, sum))
```

그림 3.21은 시작과 끝을 입력하고 입력한 숫자의 배수를 구하여 합계를 표시하도록 while 문을 사용하여 작성한 프로그램과 실행 결과이다.

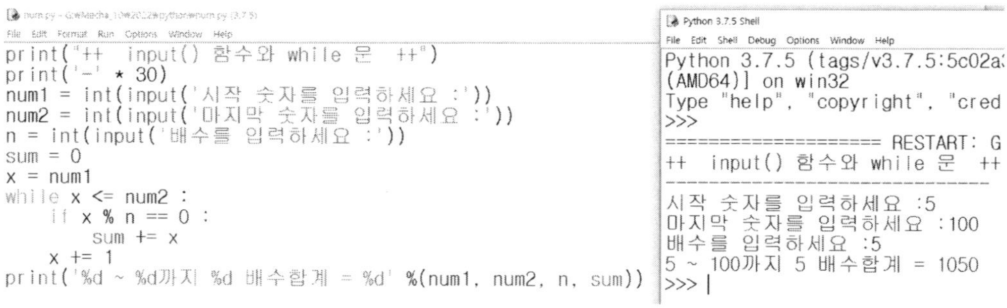

그림 3.21 입력한 배수 합계 : while 문

□ round() 함수

소수점을 반올림하는 round() 함수를 사용하기 위해서는 round(인자1), round(인자1, 인자2)로 인자에 숫자를 입력한다. round(인자1)를 사용하면 인자1의 숫자를 소수 첫 번째 자리에서 반올림할 수 있다. round(인자1, 인자2)로 숫자를 입력하면 인자1의 숫자를 인자2의 자리에서 반올림할 수 있다.

[예제 3.18] 100미터 상공에서 공을 떨어뜨리면 공이 바닥에 닿을 때마다 원래 높이의 3/7만큼 튀어 오른다. 입력한 횟수만큼 공이 튀어 오르는 동안의 높이를 계산하고, 계산한 값과 계산한 값의 소수점 첫째와 셋째짜리에서 반올림하고 소수점 셋째 자리까지 표현하도록 프로그램을 작성하라.

<프로그램>

```
print("++   round() 함수   ++")
print('-' * 30)
print("100미터 높이, 반발력 3/7")
num = int(input('반복횟수 입력 = '))
height = 100
print('output')
i = 1
print('횟수,   높이 [m],   반올림[m], 소수점세째')
while i <= num:
        height *= 3/7
        print(' ',i,',  %f,  %f,  %.3f ' % (height, round(height), round(height,3)))
        i += 1
```

그림 3.22는 일정한 높이에서 공을 떨어뜨리면 일정한 높이로 반발하는 상태를 가정하여 입력한 횟수만큼의 높이를 계산하고 반올림하는 프로그램과 실행 결과이다. %.3f는 소수점 셋째 자리까지 실수를 표현하라는 것이고 round(height, 3)는 셋째 자리에서 반올림하는 것을 나타낸다.

```
print("++  round() 함수  ++")
print('-' * 30)
print("100미터 높이, 반발력 3/7")
num = int(input('반복횟수 입력 = '))
height = 100
print('output')
i = 1
print('횟수,  높이 [m],  반올림[m], 소수점세째')
while i <= num:
    height *= 3/7
    print(' ',i,',  %f,  %f,  %.3f ' % (height,round(height),round(height,3)))
    i += 1
```

```
Python 3.7.5 (tags/v3.7.5:5c02a39a0b, Oct 15 2019, 00:11:34) [M
(AMD64)] on win32
Type "help", "copyright", "credits" or "license()" for more inf
>>>
==================== RESTART: G:\Mecha_10\2022\python\num.py ==
++  round() 함수  ++
------------------------------
100미터 높이, 반발력 3/7
반복횟수 입력 = 6
output
횟수,  높이 [m],  반올림[m], 소수점세째
  1 ,  42.857143,  43.000000,  42.857
  2 ,  18.367347,  18.000000,  18.367
  3 ,  7.871720,  8.000000,  7.872
  4 ,  3.373594,  3.000000,  3.374
  5 ,  1.445826,  1.000000,  1.446
  6 ,  0.619640,  1.000000,  0.620
>>>
```

그림 3.22 소수점과 반올림 : while 문

□ while 무한루프와 continue 문

[예제 3.19] 최대숫자를 10으로 정하고 이보다 작으면 작다고 표시하고 계속하여 숫자를 입력하고 이보다 크면 크다는 표시를 하고 멈추는 프로그램을 작성하라.

<프로그램>

```
print("++  while문과 continue문  ++")
print('-' * 30)
print("10보다 작거나 큰 정수 입력")
max = 10
while True:
    num = int(input('숫자입력='))
    if num < max:
        print(num, '는(은) 10보다 작다')
        continue
    if num > max:
        print(num, '는(은) 10보다 크다')
        break
```

그림 3.23은 임의의 숫자 10을 기준으로 입력한 정수와 크기를 비교하여 작으면 계속하여 입력하고 크면 정지하는 프로그램과 실행 결과이다. 조건을 만족하면 continue 문이 작동하여 계속 작업을 수행하고 조건을 만족하지 않으면 break 문이 작동하여 무한루프를 빠져나온다.

그림 3.23 숫자 크기를 비교 : continue와 break

제4장

함수와 변수

4.1 함수란?

4.2 매개변수와 변수 범위

4.3 함수 값의 반환

4.1 함수란?

함수는 수학에서 사용하는 함수의 기능과 비슷하며, 영어 단어인 function이 가지는 기능 또는 역할의 의미를 포함한다. 지금까지 사용한 print(), input(), range(), round() 등을 함수라고 부르며 기본적으로 제공하는 내장함수와 사용자가 직접 만드는 함수가 있다.

표 4.1은 파이썬에서 기본적으로 제공하는 내장함수이다.

표 4.1 내장함수와 기능

내장함수	기능
print()	화면에 데이터값 출력
input()	데이터는 문자열로 입력
range()	정수의 범위 설정
list()	리스트 데이터 생성
abs()	숫자의 절대값
len()	문자열, 리스트, 튜플, 딕셔너리 등의 길이 표시
round()	소수점 이하를 반올림
int()	문자열, 실수형을 정수형의 숫자로 변환
float()	문자열, 정수형을 실수형의 숫자로 변환
str()	정수형, 실수형 숫자를 문자열로 변환
type()	데이터의 형을 표시
id()	괄호 안의 인자가 저장된 메모리 주소값으로 변환

4.1.1 함수의 정의와 호출

함수를 정의하기 위해서는 def를 사용하고 def 다음에 사용자용 함수명을 작성한다. 사용자가 함수를 직접 만들기 위한 사용자 함수의 기본구조는 다음과 같다.

```
def 함수명() :
          문장 1
          문장 2
          ....
```

여기서, def는 함수명을 정의하기 위하여 사용하는 명령어, 다음에는 함수명()을 입력하고 마지막으로 콜론 (:)을 입력한 후에 Enter 키를 선택하여 줄을 바꾸어 수행할 기능을 나타내는 문장1 이하를 입력한다. 직접 만든 함수를 호출하기 위해서는 함수명()을 입력하면 된다.

[예제 4.1] 인사를 하는 문자열을 출력하기 위한 hello() 함수를 만들고 5회 호출하는 프로그램을 작성하라.

<프로그램>

```
print("++  사용자 함수정의와 호출  ++")
print('-' * 30)
print('사용자 함수 hello()')
def hello() :
          print('파이썬. 안녕!!')
n=1
while True :
          print('%d' % n, end='. ')
          hello()
          if n == 5 :
                    break
          n +=1
```

그림 4.1은 인사를 하는 문자열을 사용자 함수 hello()로 정의하고 이를 5회 호출하는 프로그램과 실행 결과이다.

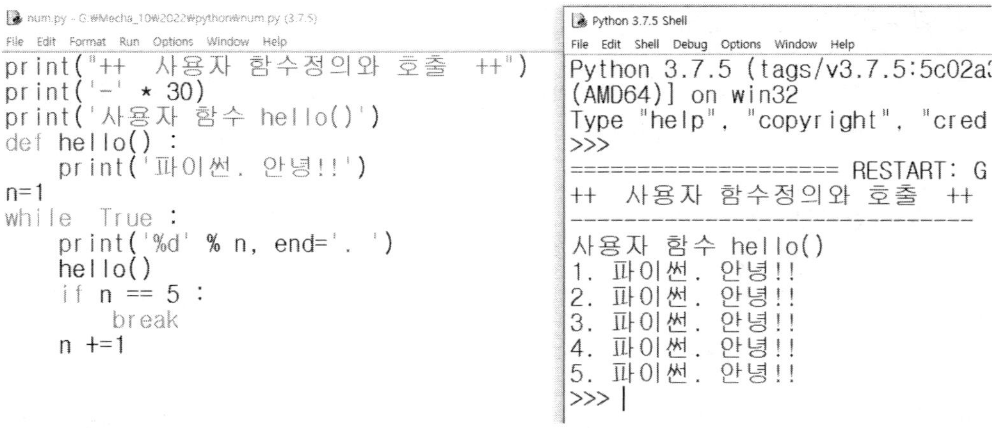

그림 4.1 사용자 함수 : hello()

4.1.2 람다 함수

lambda는 람다 함수 명령어이며 리스트나 튜플 변수에서 어떤 특별한 처리를 하기 위하여 사용하며 일반함수를 가볍게 만든 것이다. 람다 함수는 다음과 같은 형식으로 사용한다.

```
lambda 인자 : 표현식
```

여기서 lambda는 명령어, 인자는 매개변수를 의미하고 표현식에는 반환 값으로 사용되는 식을 입력한다. 인자로 들어온 값에 2를 곱해서 반환한다고 하면 lambda x : x * 2와 같이 작성한다.

[예제 4.2] 인자로 받는 변수 x는 숫자 5가 입력되고 변수 x에 10을 더해서 반환하는 사용자 일반함수와 lambda 함수를 사용하는 프로그램을 작성하라.

<프로그램>

```
print("++  사용자 일반함수와 lambda 함수  ++")
print('-' * 30)
print("사용자 일반함수")
def plus_ten(x) :
        return x + 10
y = plus_ten(5)
print(y)
print("lambda함수")
y = lambda x : x + 10
print(y(5))
```

그림 4.2는 사용자 일반함수 plus_ten()을 만들고 일반함수와 람다 함수의 인자에 5를 입력하고 입력한 인자에 10을 더하여 출력하는 프로그램과 실행 결과이다.

그림 4.2 사용자 일반함수와 lambda 함수

[예제 4.3] 사용자 정의로 lambda 함수를 사용하는 곱셈 일반함수를 만들고 두 개의 숫자를 곱하여 출력하는 것과 lambda 함수를 사용하여 숫자 3개를 덧셈한 결과를 출력하는 프로그램을 작성하라.

<프로그램>

```
print("++  사용자 일반함수와 lambda 함수  ++")
print('-' * 30)
print("사용자 일반함수")
def multi(x) :
        return lambda y : y * x
g = multi(5)
h = multi(10)
print('5x3 =',g(3))
print('10x5 =',h(5))
print("lambda함수")
g = lambda x,y,z : x + y + z
print('5+10+15 =',g(5,10,15))
```

그림 4.3은 lambda 함수를 사용하여 만든 사용자 일반함수로 곱셈하고 lambda 함수로 덧셈을 실행하여 출력하는 프로그램과 실행 결과이다.

```python
print("++  사용자 일반함수와 lambda 함수  ++")
print('-' * 30)
print("사용자 일반함수")
def multi(x) :
    return lambda y : y * x
g = multi(5)
h = multi(10)
print('5x3 =',g(3))
print('10x5 =',h(5))
print("lambda함수")
g = lambda x,y,z : x + y + z
print('5+10+15 =',g(5,10,15))
```

```
Python 3.7.5 (tags/v3.7.5:5c02a39a0b,
(AMD64)] on win32
Type "help", "copyright", "credits" or
>>>
=================== RESTART: G:\Mecha
++  사용자 일반함수와 lambda 함수  ++
------------------------------
사용자 일반함수
5x3 = 15
10x5 = 50
lambda함수
5+10+15 = 30
>>> |
```

그림 4.3 lambda 함수의 곱셈과 덧셈

4.2 매개변수와 변수 범위

4.2.1 매개변수

매개변수는 정의한 함수의 () 안에 들어가는 인자로서 함수 호출 시에 필요한 데이터나 변수를 전달받기 위하여 사용되는 변수이다. 매개변수를 사용하기 위한 구조는 다음과 같다.

```
def 함수명(매개변수1, 매개변수2,...) :
        문장 1
        문장 2
        .....
함수명(입력값, 입력값,...)
```

[예제 4.4] 사람에 따라서 좋아하는 색상의 정도를 3단계로 표시하고 입력함수를 사용하여 이름, 색상 및 좋아하는 정도를 입력받아서 화면에 출력하는 프로그램을 작성하라.

<프로그램>

```
print("++   색상을 좋아하는 정도 구분   ++")
print('-' * 30)
print('1:좋아하지않음, 2:조금 좋아함,3:매우 좋아함')
def favorate_color(name, color, amount) :
        if amount == 1 :
                print('%s님은 %s을 좋아하지 않습니다.' % (name,
                color))
        elif amount == 2 :
                print('%s님은 %s을 조금 좋아합니다.' % (name, color))
        else :
                print('%s님은 %s을 매우 좋아합니다.' % (name, color))
while True :
        name = input('이름 입력 =')
        color = input('좋아하는 색상 입력 =')
        amount = int(input('좋아하는 정도표시(1,2,3) ='))
        favorate_color(name,color,amount)
        print('₩n')
```

그림 4.4는 입력함수를 사용하여 이름, 색상 및 좋아하는 정도 3단계로 입력받아서 사람에 따라서 좋아하는 색상과 정도를 표시하는 프로그램과 실행 결과이다. while 문을 사용하여 무한루프가 되도록 구성하였고 좋아하는 정도의 3단계 표시에서는 문자열로 데이터를 입력받기 때문에 int()를 사용하여 정수로 데이터를 변환하여야 한다.

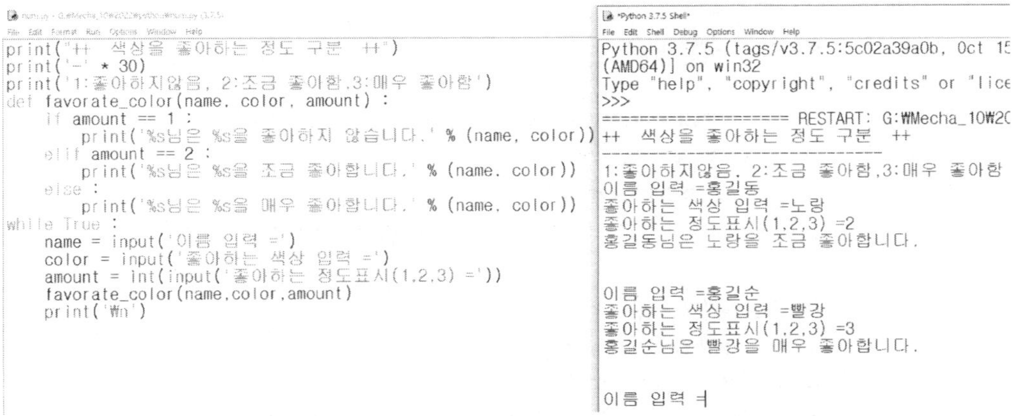

```
print("++  색상을 좋아하는 정도 구분  ++")
print('-' * 30)
print('1:좋아하지않음, 2:조금 좋아함,3:매우 좋아함')
def favorate_color(name, color, amount) :
    if amount == 1 :
        print('%s님은 %s을 좋아하지 않습니다.' % (name, color))
    elif amount == 2 :
        print('%s님은 %s을 조금 좋아합니다.' % (name, color))
    else :
        print('%s님은 %s을 매우 좋아합니다.' % (name, color))
while True :
    name = input('이름 입력 =')
    color = input('좋아하는 색상 입력 =')
    amount = int(input('좋아하는 정도표시(1,2,3) ='))
    favorate_color(name,color,amount)
    print('\n')
```

```
Python 3.7.5 (tags/v3.7.5:5c02a39a0b, Oct 15
(AMD64)] on win32
Type "help", "copyright", "credits" or "lice
>>>
==================== RESTART: G:\Mecha_10\20
++  색상을 좋아하는 정도 구분  ++
------------------------------
1:좋아하지않음, 2:조금 좋아함,3:매우 좋아함
이름 입력 =홍길동
좋아하는 색상 입력 =노랑
좋아하는 정도표시(1,2,3) =2
홍길동님은 노랑을 조금 좋아합니다.


이름 입력 =홍길순
좋아하는 색상 입력 =빨강
좋아하는 정도표시(1,2,3) =3
홍길순님은 빨강을 매우 좋아합니다.


이름 입력 =
```

그림 4.4 사람에 따라서 좋아하는 색상과 정도 표시

[예제 4.5] 이름과 5개 교과목의 점수를 입력하고 평균을 구하여 출력하는 프로그램을 작성하라.

<프로그램>

```
print("++  과목 평균계산  ++")
print('-' * 30)
print("이름과 과목 점수 입력")
def average (*scores) :
        sum =0
        for x in range(len(scores)) :
            sum += scores[x]
        avg = sum/len(scores)
        print(' %d 과목의 평균 : %.2f' % (len(scores), avg))
while True :
        name = input('이름입력 :')
        kor = int(input('국어점수 : '))
        eng = int(input('영어점수 : '))
        math = int(input('수학점수 : '))
        sci = int(input('과탐점수 : '))
        cod = int(input('코딩점수 : '))
        average(kor,eng,math,sci,cod)
        print('₩n')
```

그림 4.5는 학생 이름을 입력하고 5개 과목의 점수를 입력하여 평균을 계산하고 그 결과를 출력하는 프로그램과 실행 결과이다. while 문을 사용하여 무한루프가 되도록 작성하였다.

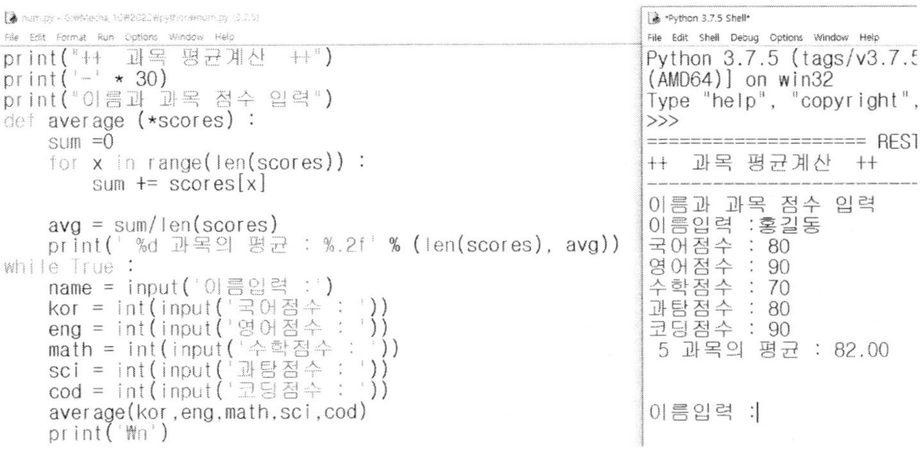

그림 4.5 5개 과목 평균 계산

4.2.2 매개변수의 값 전달방식

매개변수의 값을 전달하는 방식은 값에 의한 호출 방식과 레퍼런스에 의한 호출 방식으로 구분된다. 값에 의한 호출 방식(Call by value)은 일반적인 함수 호출에서 발생하는 방식으로, 호출 함수의 데이터나 변수를 정의한 함수 측의 매개변수에 복사한다. 정의된 함수에서 해당 매개변수 값을 변경해도 호출한 메인 루틴에 있는 변수의 값은 변하지 않는다.

레퍼런스에 의한 호출 방식(Call by reference)은 리스트, 튜플, 딕셔너리, 포인터를 매개변수로 전달할 시에는 그 데이터가 저장된 메모리의 주소, 즉 레퍼런스가 매개변수에 전달된다. 데이터의 주소 값을 매개변수로 전달함으로써 정의된 함수에서 그 변수의 값을 수정하거나 삭제할 수 있다. 호출된 함수에서 수정한 값은 함수를 호출한 메인 루틴에서도 그대로 적용된다.

□ id() 함수

id() 함수는 괄호 안의 인자로 객체를 입력받고 입력받은 그 객체의 고유한 주소 값으로 변환하는 함수이다.

[예제 4.6] 문자열 BLOCK -> block -> BLOCK으로 변환하여 id() 함수를 사용하여 주소 값의 변화를 출력하는 프로그램을 작성하라.

<프로그램>

```
print("++    id() 함수, 주소값 변화  ++")
print('-' * 30)
print('a=BLOCK의 주소값')
a = 'BLOCK'
print(f'1. id(a) : {id(a)}')
print(f'2. id(₩'BLOCK₩') : {id("BLOCK")}')
print('b=a의 주소값')
b = a
print(f'3. id(b) : {id(b)}')
print('c=block의 주소값')
c = a.lower()    # BLOCK -> block 로 소문자로 변경
print(f'4. id(c) : {id(c)}')
print(f'5. id("block") : {id("block")}')   # 소문자
print('d=BLOCK의 주소값')
d = a.upper()    # block -> BLOCK 로 대문자로 변경
print(f'6. id(d) : {id(d)}')
print(f'7. id("BLOCK") : {id("BLOCK")}')   # 대문자
```

그림 4.6은 문자열 BLOCK을 대소문자로 변환하면서 id() 함수로 주소 값의 변화를 출력하는 프로그램과 실행 결과이다.

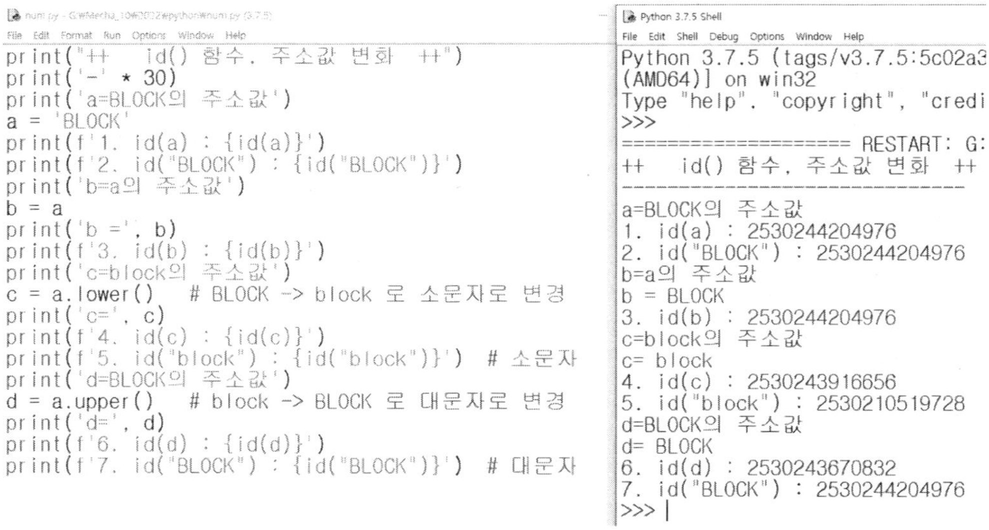

그림 4.6 대문자 → 소문자 변화에 따른 주소 값 변화

□ 값에 의한 호출 방식(Call by value)

[예제 4.7] 변수 x에 값의 변화를 주어서 값에 따른 주소 값을 호출하는 프로그램을 작성하라.

<프로그램>

```
print("++    id() 함수, 값에 의한 호출   ++")
print('-' * 30)
def func(x) :
        x = 5
        print('func() : x =', x, 'id =',id(x))
x = 100
print('메인 : x =', x, 'id =',id(x))
func(x)
x = 200
print('메인 : x =', x, 'id =',id(x))
func(x)
```

그림 4.7은 임의의 변수에 값의 변화를 주어서 값에 따른 주소 값을 호출하는 프로그램과 실행 결과이다. 같은 변수 x에 5, 100, 200으로 값을 변화시킴에 따라서 주소 값이 다른 것을 확인할 수 있다.

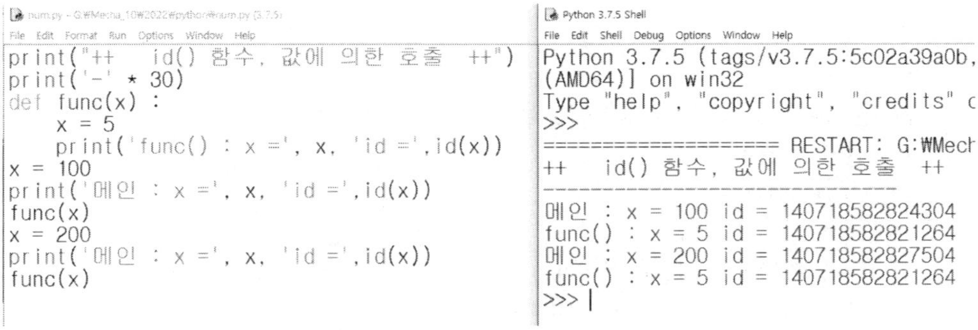

그림 4.7 값에 의한 주소 값 호출

▢ 레퍼런스에 의한 호출 방식(Call by reference)

[예제 4.8] 변수 x에 리스트 데이터값이 주어지고 사용자 함수를 사용하여 리스트의 요소를 변화시키는 레퍼런스에 의한 주소 값을 호출하는 프로그램을 작성하라.

<프로그램>

```
print("++    id() 함수, 레퍼런스에 의한 호출   ++")
print('-' * 30)
def func_1(x) :
        x[0] = 5
        print('func_1() 변환값')
        print('x =',x, 'id =',id(x))
def func_2(x) :
        x[1] = 15
        print('func_2() 변환값 ')
        print('x =',x, 'id =',id(x))
x = [1,2,3]
print('초기값 : x=[1,2,3]')
print('x =',x,'id =',id(x))
func_1(x)
func_2(x)
print('최종 변환값 : x=[5,15,3]')
print('x =',x,'id =',id(x))
```

그림 4.8은 초기 값으로 리스트 데이터가 주어지고 리스트 데이터의 원소값을 임의로 변화시켜 레퍼런스에 의한 주소 값을 호출하는 프로그램과 실행 결과이다. 변수 x의 리스트 데이터 원소가 변화하여도 주소 값은 항상 같다는 것을 확인할 수 있다.

```
print("++   id() 함수, 레퍼런스에 의한 호출  ++")
print('-' * 30)
def func_1(x) :
    x[0] = 5
    print('func_1() 변환값')
    print('x =',x, 'id =',id(x))
def func_2(x) :
    x[1] = 15
    print('func_2() 변환값 ')
    print('x =',x, 'id =',id(x))
x = [1,2,3]
print('초기값 : x=[1,2,3]')
print('x =',x,'id =',id(x))
func_1(x)
func_2(x)
print('최종 변환값 : x=[5,15,3]')
print('x =',x,'id =',id(x))
```

```
Python 3.7.5 (tags/v3.7.5:5c02a39a0b,
(AMD64)] on win32
Type "help", "copyright", "credits" o
>>>
==================== RESTART: G:₩Mech
++   id() 함수, 레퍼런스에 의한 호출
------------------------------
초기값 : x=[1,2,3]
x = [1, 2, 3] id = 2532513254984
func_1() 변환값
x = [5, 2, 3] id = 2532513254984
func_2() 변환값
x = [5, 15, 3] id = 2532513254984
최종 변환값 : x=[5,15,3]
x = [5, 15, 3] id = 2532513254984
>>>
```

그림 4.8 레퍼런스에 의한 주소 값 호출

4.2.3 변수의 범위

함수 내에서 사용되는 변수는 지역변수와 전역변수로 구분된다. 지역변수는 호출된 함수 내에서만 유효하고 전역변수는 프로그램의 메인 루틴에서 사용되는 것으로 하위의 모든 함수 내에서 유효하다.

□ 지역변수

지역변수(Local variable)는 호출된 함수 내에서만 유효하고 호출된 함수의 실행이 종료되면 삭제되어 사용할 수 없다. 만약에 외부에서 이 변수를 사용하면 변수가 정의되지 않았다는 오류 메시지가 나타난다.

□ 전역변수

전역변수(Global variable)는 프로그램의 메인 루틴에서 사용되는 것으로, 변수가 사용된 하위의 모든 함수 내에서 사용한다.

[예제 4.9] 반지름을 입력하여 원의 면적을 구하는 프로그램을 지역변수와 전역변수로 구분하여 작성하라.

<프로그램>

```
print("++    지역변수와 전역변수   ++")
print('-' * 30)
def circle_area(r) :
        #지역변수 r
        area = r * r * 3.14
        return area
#전역변수 radius, result
radius = int(input('반지름을 입력하세요:'))
result = circle_area(radius)
print('반지름 : %d' % radius)
print('원의 면적 : %.2f' % result)
```

그림 4.9는 반지름을 입력하고 원의 면적을 구하는 프로그램을 지역변수와 전역변수로 작성하여 실행한 결과이다. 사용자 정의 함수 내에 있는 변수 r은 지역변수이고 입력하는 반지름 radius와 원의 면적 result는 전역변수이다.

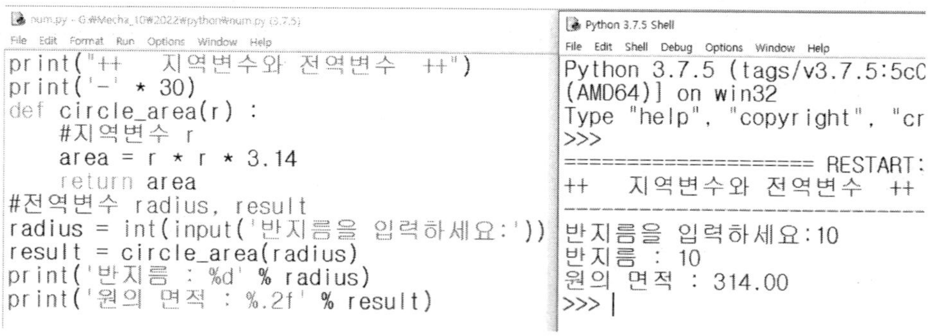

그림 4.9 지역변수와 전역변수

4.3 함수 값의 반환

함수 값의 반환은 return 명령어를 사용하며, 정의된 함수는 어떤 기능을 수행하고 그 결과 값을 호출한 함수에 반환한다. 함수의 반환 값이 사용되는 형식은 다음과 같다.

```
def 함수(인자1, 인자2,...) :
        문장 1
        변수 = 문장 2
        .....
        return 변수
```

[예제 4.10] 반지름을 입력하고 return 명령어를 사용하여 원의 면적과 둘레를 반환하는 프로그램을 작성하라.

<프로그램>

```
print("++    원의 면적과 둘레   ++")
print('-' * 30)
def circle_area(r) :
        area = r * r * 3.14
        return area
def circle_length(r) :
        length = 2 * r * 3.14
        return length
radius = int(input('원의 반지름을 입력하세요:'))
circle_a = circle_area(radius)
circle_l = circle_length(radius)
print('반지름 : %d [mm]'% radius)
print('원의 면적 : %.2f [mm^2] '% circle_a)
print('원의 둘레 : %.2f [mm]' % circle_l)
```

그림 4.10은 반지름을 입력하여 원의 면적과 둘레를 계산하고 그 결과 값을 반환하여 화면에 출력하는 프로그램과 실행 결과이다. 원의 면적과 둘레는 사용자 정의 함수이다.

```
print("++   원의 면적과 둘레  ++")
print('-' * 30)
def circle_area(r) :
    area = r * r * 3.14
    return area
def circle_length(r) :
    length = 2 * r * 3.14
    return length
radius = int(input('원의 반지름을 입력하세요:'))
circle_a = circle_area(radius)
circle_l = circle_length(radius)
print('반지름 : %d [mm]'% radius)
print('원의 면적 : %.2f [mm^2] '% circle_a)
print('원의 둘레 : %.2f [mm]' % circle_l)
```

```
Python 3.7.5 (tags/v3.7.5:5c(
(AMD64)] on win32
Type "help", "copyright", "c
>>>
==================== RESTART
++   원의 면적과 둘레  ++
------------------------------
원의 반지름을 입력하세요:5
반지름 : 5 [mm]
원의 면적 : 78.50 [mm^2]
원의 둘레 : 31.40 [mm]
>>>
```

그림 4.10 원의 면적과 둘레

제5장

파일 처리 함수

5.1 파일 쓰기

프로그램에서 처리된 결과를 파일에 쓰는 방법을 살펴보자. 파일에 데이터를 작성하기 위해서는 파일을 열고 쓰기모드를 설정한 후에 지정된 인코딩 방식을 사용하여 파일을 생성한다.

□ open() 함수

open() 함수는 파일 객체를 반환하며 파일 쓰기를 실행하기 위한 형식은 다음과 같다.

```
파일객체 = open(파일명, 파일모드, 인코딩)
예) file = open('sample.txt','w',encoding='utf8')
```

여기서, utf8 인코딩은 사람이 사용하는 모든 문자를 나열하고 각 문자에 코드를 부여하는 유니코드 인코딩에서 일반적으로 가장 널리 사용되는 세계 표준 방식의 하나로서 유니코드 문자열을 8비트 단위의 코드로 맵핑, 즉 인코딩한다.

표 5.1은 open() 함수의 파일에 사용되는 모드를 나타낸다.

표 5.1 open() 함수의 모드

파일 모드	기능
r	Read(읽기) : 파일 읽기 전용. 파일이 없으면 에러발생.
w	Write(쓰기) : 파일 수정. 파일에 내용이 있으면 다시 수정. 파일이 없으면 새롭게 생성.
a	Append(추가) : 기존 파일에 내용 추가. 파일이 없으면 새롭게 생성.
x	Create(생성) : 파일 생성. 파일이 없으면 에러 반환.
t	Text(문자) : 사람이 읽을 수 있는 모드. 모드를 지정하지 않으면 텍스트 모드.
b	Binary(이진수) : 이미지와 같은 파일을 의미. 모드를 지정.

▢ file.write(string)

file.write(string)는 문자열의 내용(string)을 파일에 쓰고 문자의 수를 반환한다. write를 통해서 파일에 여러 줄을 작성할 경우에는 리스트 데이터형이나 튜플 데이터형을 사용할 수 있는 writelines 메소드를 사용한다.

[예제 5.1] sample.txt 파일을 열어서 문자열 "안녕. 파이썬.!!"을 파일에 쓰는 프로그램을 작성하라.

<프로그램>

```
print("++    파일 쓰기   ++")
print('-' * 30)
file = open('sample.txt', 'w', encoding='utf8')
file.write('안녕.파이썬.!!')
file.close()
print('파일쓰기완료')
```

그림 5.1은 파일을 열어서 문자열을 쓰기하는 프로그램, 실행 결과와 메모장에 작성된 내용을 나타낸다. 프로그램을 실행하면 문자열은 sample.txt 파일에 문자열을 쓰고 메모장으로 파일명을 찾아서 확인할 수 있다.

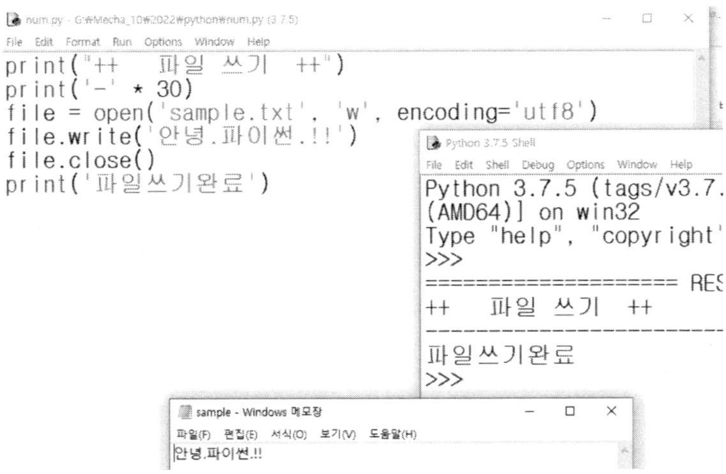

그림 5.1 파일 쓰기

[예제 5.2] sample_binary.txt 파일을 열어서 이진수(0123456789abcdef) 데이터를 파일에 쓰는 프로그램을 작성하라.

<프로그램>

```
print("++    이진수 파일 쓰기   ++")
print('-' * 30)
f = open("sample_binary.txt","wb")
f.write(b'0123456789abcdef')
f.close()
print('파일쓰기완료')
```

그림 5.2는 이진수의 데이터를 파일에 쓰기하는 프로그램, 실행 결과 및 파일에 저장된 내용을 나타낸다. open() 함수의 모드 "wb"는 쓰기와 이진수 데이터를 지정하는 것이며 f.write(b'....')에서 b는 이진수 데이터를 지정한다.

그림 5.2 이진수 파일 쓰기

☐ file.writelines(string)

file.writelines(string)는 리스트 데이터 또는 튜플 데이터를 사용하여 파일 쓰기를 할 수 있다.

[예제 5.3] sample_binary.txt 파일을 열어서 리스트 데이터 write, list, lines와 튜플 데이터 write, tuple, lines를 파일에 쓰는 프로그램을 작성하라.

<프로그램>

```
print("++    리스트와 튜플로 파일 쓰기  ++")
print('-' * 30)
f = open("sample_binary.txt","w")
#일반적으로 쓰는 write
f.write("=====write test=====₩n")
# 리스트로 한번에 넣어버리기
lines = ["write₩n","list₩n","lines₩n"]
f.writelines(lines)
# 튜플로 한번에 넣어버리기
lines = ("write₩n","tuple₩n","lines₩n")
f.writelines(lines)
f.close()
print('파일쓰기완료')
```

그림 5.3은 리스트와 튜플의 문자열 데이터를 파일에 쓰고 실행한 결과와 저장된 파일의 내용을 메모장으로 확인하는 것이다. 일반적인 write와 writelines 메소드의 차이를 확인할 수 있다.

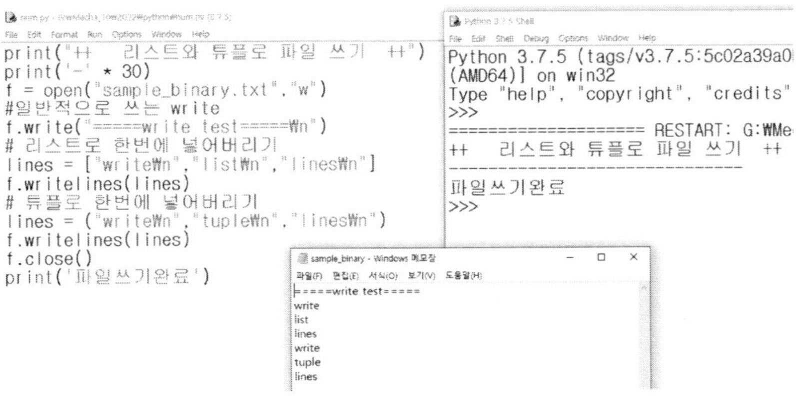

그림 5.3 리스트와 튜플 데이터 쓰기

[예제 5.4] scores.txt 파일을 열어서 이름과 5개 과목의 성적을 나타내는 리스트 데이터를 파일에 쓰고 작성된 파일의 내용을 메모장으로 확인하라.

<프로그램>

```
print("++  성적입력  ++")
print('-' * 30)
scores = ['홍길동 80 90 75 100 95','이갑순 90 80 85 95 80',
        '이재준 90 100 90 95 90','박정희 90 90 85 100 90',
        '홍말순 80 85 90 90 100','이순철 100 90 90 100 100',
        '이갑순 85 85 90 95 95','이갑돌 80 90 90 95 100']
data =''
for item in scores :
        data += item + '₩n'
print(data)
file = open('scores.txt', 'w', encoding='utf8')
file.write(data)
file.close()
print('파일쓰기완료')
```

그림 5.4는 성적을 입력하는 파일을 작성하는 프로그램, 실행 결과 및 메모장 내용을 나타낸다. 학생 이름과 5개 과목 성적을 리스트 데이터로 입력하여 scores.txt 파일을 열어서 저장하였다.

그림 5.4 성적입력 파일 쓰기

5.2 파일 읽기

▢ file.read()

file.read()는 기본적으로 문자 하나씩 읽어오는 메소드로, 파일의 내용이 없을 때까지 출력하며 더 이상 읽을 내용이 없으면 빈 문자를 반환한다.

[예제 5.5] 예제 5.3에서 작성한 파일 sample_binary.txt를 열어서 파일에 있는 내용을 read()로 읽어 들여서 화면에 출력하는 프로그램을 작성하라.

<프로그램>

```
print("++  read() 데이터 읽기  ++")
print('-' * 30)
f=open("sample_binary.txt","rt")
while True:
        c = f.read()
        if c == '':
                break
        print(c, end='')
f.close()
print('파일읽기완료')
```

그림 5.5는 파일에 작성되어 있는 내용을 read() 메소드로 읽어 들여서 화면에 출력하는 프로그램과 실행 결과이다. open() 메소드의 "rt" 모드는 읽기와 텍스트 모드를 나타낸다.

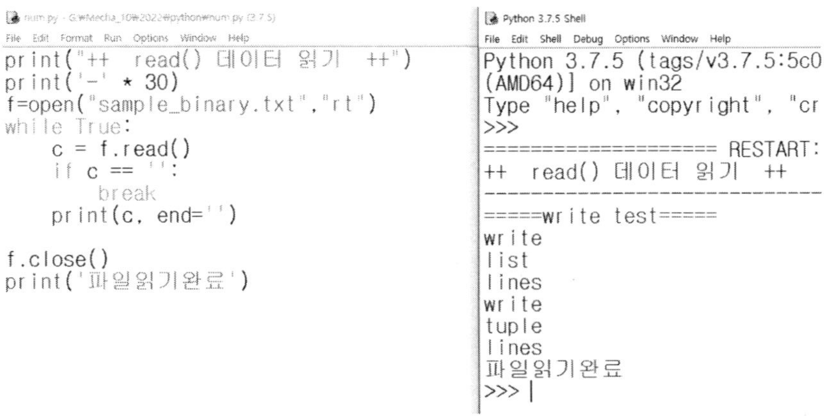

그림 5.5 파일 읽기 : read()

▢ file.readlines()

file.readlines()는 줄 단위로 데이터를 읽어 들이는 경우에 사용하며 더 이상 읽을 데이터가 없다면 빈 문자열을 반환한다.

[예제 5.6] 예제 5.4에서 5개 과목의 성적을 입력한 파일 scores.txt를 열어서 데이터를 한줄씩 읽어 들여서 화면에 출력하는 프로그램을 작성하라.

<프로그램>

```
print("++  readlines() 데이터 읽기  ++")
print('-' * 30)
file = open('scores.txt', 'rt', encoding='utf8')
lines = file.readlines()
print('파일 내용 :')
for line in lines :
        print(line,end='')
file.close()
print('파일읽기완료')
```

그림 5.6은 5개 과목의 성적을 이름으로 구분하여 저장한 파일 scores.txt를 열어서 데이터를 한 줄씩 읽어 들여 화면에 출력하는 프로그램과 실행 결과이다.

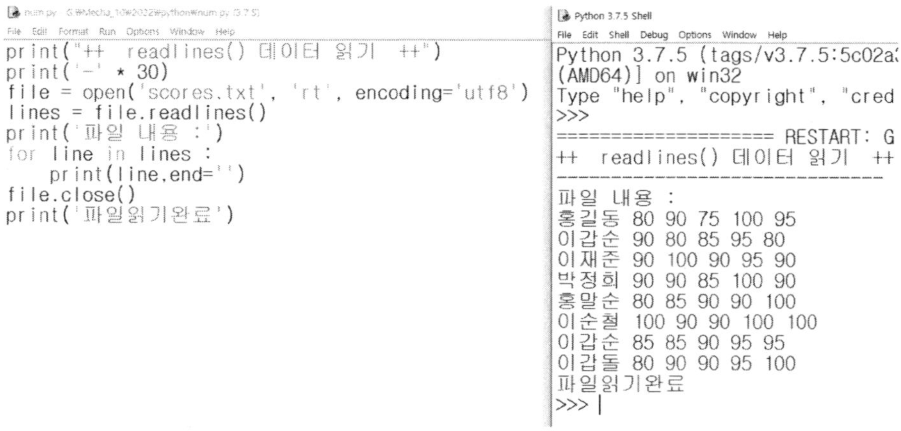

그림 5.6 데이터 읽기 : readlines()

제6장

모듈과 패키지

파이썬 스크립트를 작성할 때마다 매번 비슷한 클래스와 함수를 작성한다면 코드도 길어지고 중복되는 부분이 생긴다. 따라서 공통되는 부분을 빼내서 모듈과 패키지로 만들어 저장하고 호출하면 이후에는 코드를 다시 만들지 않고 모듈과 패키지만 가져와서 사용할 수 있다.

모듈(module)은 변수, 함수, 클래스 등을 모아 놓은 스크립트 파일이며 간단한 기능을 담을 때 사용한다. 패키지(package)는 여러 모듈을 묶은 것으로서 코드가 많고 복잡할 때 사용하며, 기능들이 모듈 여러 개로 나누어져 있고 관련된 모듈끼리 폴더에 모여 있는 형태이다.

- **모듈** : 하나의 파일 내에 포함된 함수와 클래스 등의 프로그램 코드이다.
- **패키지** : 모든 파일을 담고 있는 폴더 내에 있는 모든 프로그램 코드이고 하나의 패키지 안에는 또 다른 패키지가 포함될 수 있다.
- **라이브러리** : 모듈과 패키지의 모음으로, 압축파일(*.zip)로 압축되어 PyPI(Python Package Index) 사이트를 통하여 배포된다.

6.1 모듈

모듈은 내장 모듈, 사용자 정의 모듈, 서드파티(Third-party) 모듈로 구분한다.

내장 모듈은 Python에서 제공하는 기본 라이브러리 모듈이며 대표적인 내장 모듈로서는 dateTime, sys, random, math 등이 있다.

사용자 정의 모듈은 사용자(프로그래머)가 직접 만든 함수, 클래스, 변수를 모듈로써 사용하는 것을 말한다.

서드파티 모듈은 기업이나 단체에서 특정 기술을 사용할 수 있도록 만든 파이썬 파일이다.

6.1.1 내장 모듈과 메소드

표 6.1은 파이썬에서 사용되는 기본적인 내장 모듈과 메소드의 기능이다. sys 모듈은 파이썬의 시스템과 대화를 가능하게 하는 모듈이고 string 모듈은 문자열의 처리를 위한 모듈이다. 정규 표현식(re : regular expression) 모듈은 문자열을 처리하는 방법으로서 특정 조건 또는 패턴을 치환하는 과정을 쉽게 처리할 수 있다. math 모듈은 수학적 함수의 처리를 위한 메소드를 가지고 있고 time 모듈은 시간과 날짜에 관련한 메소드를 가지고 있다.

표 6.1 내장 모듈의 이름과 메소드의 기능

모듈 이름	메소드의 기능
sys	• 파이썬 시스템과 대화를 가능하게 함 • exit() : 종료! • argv : 명령어 라인 인수에 접근 • path : 시스템의 경로에 접근 • ps1 : '>>>' 파이썬의 프롬프트 변경 • os : 운영체제와 대화를 가능하게 함 • open : 파일 열기 • system : 시스템 명령어 실행 • mkdir : 디렉토리 생성 • getcwd : 현재의 작업 디렉토리 찾기
string	• 문자열 처리 • atoi/f/l – : 문자열을 integer/float/long으로 변환 • find : 하부 문자열 탐색 • split : '단어' 부분 이용 • upper/lower : 대소문자 변환
re	• 문자열을 유닉스 스타일로 다룸 • 정규 표현식(regular expressions) • search : 문자열의 패턴 탐색 • match : 처음부터 찾음 • split : 패턴으로 분리된 필드의 부분을 이용 • sub, subn : 문자열 바꾸기
math	• 수학적 함수에 접근 • sin, cos 등등 : 삼각 함수 • log, log10 : 자연로그, 상용로그 • ceil, floor : 상한값, 하한값 • pi, e : 자연 상수
time	• 시간(그리고 날짜) 함수 • time : 현재의 시간 획득(초단위로 표현) • gmtime : 시간을 초단위로 UTC(GMT) 변환 • localtime : 지역시간으로 변환 • mktime : 지역시간의 역동작 수행 • sleep : 프로그램을 n초 동안 멈춤

☐ 모듈 함수 호출

파이썬에 내장되어 있는 모듈 사용을 위한 모듈 함수의 호출은 다음과 같이 한다.

```
import 모듈명
      ...
모듈명.모듈함수명()
      ....
```

모듈 함수의 호출에 있어서 모듈의 명칭 길이가 긴 경우에는 다음과 같이 as를 사용하여 간단한 애칭으로 정의한다.

```
import greet as gt
gt.함수명()
```

여기서 gt는 greet 모듈의 애칭이다.

6.1.2 string 모듈

표 6.2는 내장되어 있는 string 모듈의 메소드와 기능을 나타낸다. string 모듈은 소문자, 대문자, 대소문자, 10진수, 16진수 및 특수 문자를 출력하는 메소드를 가지고 있다.

표 6.2 string 모듈의 메소드와 기능

메소드	기능
string.ascii_lowercase	영어 소문자 출력
string.ascill_uppercase	영어 대문자 출력
string.ascii_letters	영어 소문자, 대문자 모두 출력
string.digits	십진수 0 ~ 9까지 출력
string.hexdigits	16진수 출력
string.punctuation	특수 문자 출력

[예제 6.1] 문자열에서 소문자, 대문자, 대소문자, 숫자 및 16진수를 출력하는 string 모듈의 메소드를 사용하여 메소드의 기능을 나타내는 프로그램을 작성하라.

<프로그램>

```
print("++  string(문자열) 모듈 메소드 기능  ++")
print('-' * 30)
import string
print('소문자 메소드 : string.ascii_lowercase')
print('소문자 : ',string.ascii_lowercase)
print('대문자 메소드 : string.ascii_uppercase')
print('대문자 : ',string.ascii_uppercase)
print('대소문자 메소드 : string.ascii_letters')
print('대소문자 : ',string.ascii_letters)
print('10진수 메소드 : string.digits')
print('10진수 : ',string.digits)
print('16진수 메소드 : string.hexdigits ')
print('16진수 : ',string.hexdigits)
print('특수문자 메소드 : string.punctuation ')
print('특수문자 : ',string.punctuation)
```

그림 6.1은 문자열에서 문자 및 숫자를 표현하는 string 모듈의 메소드 기능을 나타내는 프로그램과 실행 결과이다.

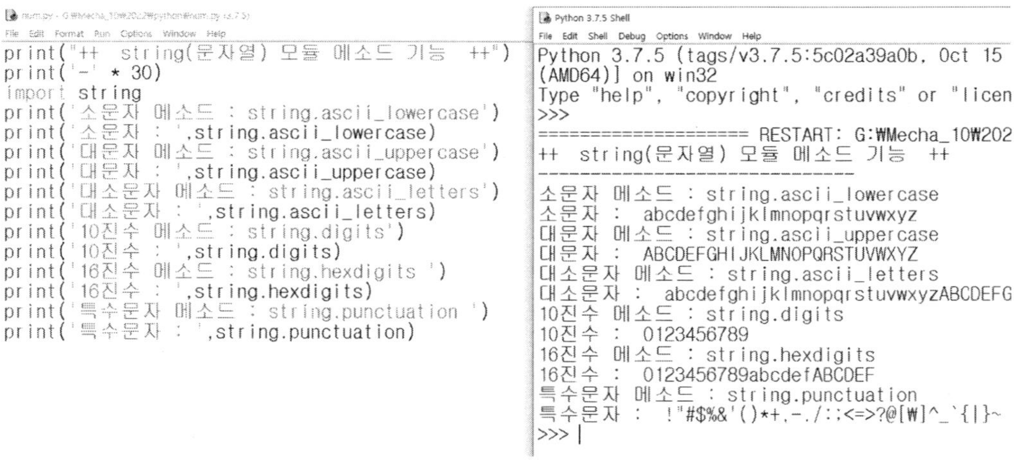

그림 6.1 string 모듈의 메소드 기능

6.1.3 math 모듈

표 6.3은 수학 연산에 필요한 math 모듈의 메소드와 기능이다. math 모듈과 별도로 수학 연산에 필요한 내장 함수로서 max(), min(), sum()이 있다.

표 6.3 math 모듈의 메소드와 기능

메소드	기능
math.floor()	소수점 이하 절삭
math.ceil	무조건 올림
math.factorial(5)	팩토리얼 값, 5!, 5x4x3x2x1=120
math.exp()	지수함수
math.pow()	거듭 제곱값
math.fabs()	실수 절대값
math.sin()	사인값(라디안)
math.cos()	코사인값(라디안)
math.tan()	탄젠트값(라디안)
math.log()	밑이 e인 자연로그값
math.log10()	밑이 10인 상용로그값
math.modf()	소수점과 정수 구분(소수점, 정수값)
math.sqrt()	제곱근
math.pi	3.141592653589793

□ max(), min(), sum() 함수

파이썬에 내장되어 있는 산술함수 max()는 반복 가능한 객체의 가장 큰 요소 값을 리턴하고 min()은 반복 가능한 객체의 가장 작은 요소 값을 리턴하며 sum()은 반복 가능한 객체의 요소 값의 합을 리턴한다.

[예제 6.2] 리스트와 튜플 정수, 문자열에서 최대, 최소 및 합을 구하는 프로그램을 작성하라.

<프로그램>

```
print("++  리스트와 튜플 정수와 문자열의 최대, 최소 및 합  ++")
print('-' * 30)
a = [1,2,3,4,5,6,7,8,9,10]             #리스트 정수
b = (11,12,13,14,15,16,17,18,19,20)        # 튜플 정수
print('리스트 최대=%d' % max(a), '튜플 최대=%d' % max(b))
print('리스트 최소=%d' % min(a), '튜플 최소=%d' % min(b))
print('리스트 합=%d' % sum(a), '튜플 합=%d' % sum(b))
a = ['a','b','c','d','e']   #리스트 문자열
b = ('f','g','h','i','j')   #튜플 문자열
print('리스트 최대=%s' % max(a),'튜플 최대=%s' % max(b))
print('리스트 최소=%s' % min(a),'튜플 최소=%s' % min(b))
```

그림 6.2는 리스트와 튜플의 정수와 문자열에서 최대 max()와 최소 min(), 정수의 합 sum()을 구하는 프로그램과 기능을 출력한 것이다. max()와 min()은 정수와 문자열에서 최대와 최소를 추출하여 화면에 출력한다. sum()은 정수의 합을 구하여 화면에 출력한다.

```
print("++  리스트와 듀플 정수와 문자열의 최대, 최소 및 합  ++")
print('-' * 30)
a = [1,2,3,4,5,6,7,8,9,10]      #리스트 정수
b = (11,12,13,14,15,16,17,18,19,20)     # 듀플 정수
print('리스트 최대=%d' % max(a), '듀플 최대=%d' % max(b))
print('리스트 최소=%d' % min(a), '듀플 최소=%d' % min(b))
print('리스트 합=%d' % sum(a), '듀플 합=%d' % sum(b))
a = ['a','b','c','d','e']  #리스트 문자열
b = ('f','g','h','i','j')  #듀플 문자열
print('리스트 최대=%s' % max(a),'듀플 최대=%s' % max(b))
print('리스트 최소=%s' % min(a),'듀플 최소=%s' % min(b))
```

```
Python 3.7.5 (tags/v3.7.5:5c02a39a0b, Oct 15 2019, 00:11:34) |
(AMD64)] on win32
Type "help", "copyright", "credits" or "license()" for more ir
>>>
==================== RESTART: G:\Mecha_10\2022\python\num.py =
++  리스트와 듀플 정수와 문자열의 최대, 최소 및 합  ++
------------------------------
리스트 최대=10 듀플 최대=20
리스트 최소=1 듀플 최소=11
리스트 합=55 듀플 합=155
리스트 최대=e 듀플 최대=j
리스트 최소=a 듀플 최소=f
```

그림 6.2 max()와 min(), sum() 기능

□ complex(), round(), abs(), pow() 함수

수학 연산에서 필요한 math 모듈은 표 6.3과 같다. 내장된 산술함수는 복소수를 나타내는 complex(), 소수점 이하를 버리는 round(), 절대값을 구하는 abs(), 거듭 제곱승을 나타내는 pow() 등이 있다.

[예제 6.3] 수학 계산에서 사용되는 내장된 산술함수의 기능을 표현하는 샘플 프로그램을 작성하라.

<프로그램>

```
print("++  산술함수의 샘플 프로그램  ++")
print('-' * 30)
#리스트에서 최대와 최소 구분
num = [1, 3, 2, 8, 5, 10, 6]
print('리스트 데이터 = [1, 3, 2, 8, 5, 10, 6]')
print('최대 max(num):', max(num))
print('최소 min(num):', min(num))
#복소수 크기
complex = (3 - 4j)
print('복소수 크기 abs(3-4j) :', abs(complex))
#반올림, 절대값, 거듭제곱
print("반올림 round(-23.71) : ", round(-23.71))
print("반올림 round(300.11) : ", round(300.11))
print('절대값 abs(-54.26) :', abs(-54.26))
print('절대값 abs(-94) :', abs(-94))
print("거듭제곱승 pow(3,3),3^3 : ",pow(3, 3))
```

그림 6.3은 파이썬에 내장된 여러 산술함수를 사용하여 메소드의 기능을 표현할 수 있도록 작성한 프로그램과 실행 결과이다.

```
print("++  산술함수의 샘플 프로그램  ++")
print('-' * 30)
#리스트에서 최대와 최소 구분
num = [1, 3, 2, 8, 5, 10, 6]
print('리스트 데이터 = [1, 3, 2, 8, 5, 10, 6]')
print('최대 max(num):', max(num))
print('최소 min(num):', min(num))
#복소수 크기
complex = (3 - 4j)
print('복소수 크기 abs(3-4j) :', abs(complex))
#반올림, 절대값, 거듭제곱
print("반올림 round(-23.71) : ", round(-23.71))
print("반올림 round(300.11) : ", round(300.11))
print('절대값 abs(-54.26) :', abs(-54.26))
print('절대값 abs(-94) :', abs(-94))
print("거듭제곱승 pow(3,3),3^3 : ",pow(3, 3))
```

```
Python 3.7.5 (tags/v3.7.5:5c02a39a0b, 0
(AMD64)] on win32
Type "help", "copyright", "credits" or
>>>
==================== RESTART: G:\Mecha_
++  산술함수의 샘플 프로그램  ++
------------------------------
리스트 데이터 = [1, 3, 2, 8, 5, 10, 6]
최대 max(num): 10
최소 min(num): 1
복소수 크기 abs(3-4j) : 5.0
반올림 round(-23.71) :  -24
반올림 round(300.11) :  300
절대값 abs(-54.26) : 54.26
절대값 abs(-94) : 94
거듭제곱승 pow(3,3),3^3 :  27
>>>
```

그림 6.3 내장된 산술함수의 샘플 프로그램

▢ math 모듈의 삼각함수

수학 연산에서 사용되는 math 모듈에 포함되어 있는 삼각함수는 sin(), cos(), tan(), asin(), acos(), atan() 등이 있다.

[예제 6.4] math 모듈에 포함되어 있는 삼각함수의 메소드 기능을 표현하는 프로그램을 작성하여 라디안(radian)과 디그리(degree)로 각도를 표현하라. 각도는 60도이다.

<프로그램>

```
print("++  math 모듈의 삼각함수  ++")
print('-' * 30)
import math
# 1 라디안 = 360/(2 * math.pi)
PAI = 360/(2 * math.pi)
print('1 [radian] = %f[degree]' % PAI)
a = math.cos(60/PAI)
b = math.sin(60/PAI)
c = math.tan(60/PAI)
print('cos(60)=%f [radian]' % a)
print('sin(60)=%f [radian]' % b)
print('tan(60)=%f [radian]' % c)
x = math.acos(a) * PAI
y = math.asin(b) * PAI
z = math.atan(c) * PAI
print('acos(%f) =%f [degree]' % (a,x))
print('asin(%f) =%f [degree]' % (b,y))
print('atan(%f) =%f [degree]' % (c,z))
```

그림 6.4는 math 모듈에 포함되어 있는 삼각함수의 값을 출력하는 프로그램과 실행 결과이다. 삼각함수의 인자로서는 라디안을 사용하고 있는 것에 주의하여야 한다. 1 라디안은 57.295780 [°]이다.

```
print("++ math 모듈의 삼각함수 ++")
print('-' * 30)
import math
# 1 라디안 = 360/(2 * math.pi)
PAI = 360/(2 * math.pi)
print('1 [radian] = %f[degree]' % PAI)
a = math.cos(60/PAI)
b = math.sin(60/PAI)
c = math.tan(60/PAI)
print('cos(60)=%f [radian]' % a)
print('sin(60)=%f [radian]' % b)
print('tan(60)=%f [radian]' % c)
x = math.acos(a) * PAI
y = math.asin(b) * PAI
z = math.atan(c) * PAI
print('acos(%f) =%f [degree]' % (a,x))
print('asin(%f) =%f [degree]' % (b,y))
print('atan(%f) =%f [degree]' % (c,z))
```

```
Python 3.7.5 (tags/v3.7.5:5c02a39a(
(AMD64)] on win32
Type "help", "copyright", "credits"
>>>
==================== RESTART: G:\Me
++ math 모듈의 삼각함수 ++
------------------------------
1 [radian] = 57.295780[degree]
cos(60)=0.500000 [radian]
sin(60)=0.866025 [radian]
tan(60)=1.732051 [radian]
acos(0.500000) =60.000000 [degree]
asin(0.866025) =60.000000 [degree]
atan(1.732051) =60.000000 [degree]
>>> |
```

그림 6.4 math 모듈의 삼각함수

ㅁ math 모듈의 함수

표 6.3에 나타낸 math 모듈의 삼각함수를 제외한 내장함수는 반올림 math.floor(), 무조건 올림 math.ceil(), 팩토리얼 math.factorial(), 지수 math.exp(), 자연로그 math.ln(), 상용로그 math.log(), 소수와 정수 구분 math.modf(), 제곱근 math.sqrt() 등이 있다.

[예제 6.5] math 모듈에 포함되어 있는 내장함수에서 삼각함수를 제외한 함수의 메소드 기능을 나타내는 샘플 프로그램을 작성하라.

<프로그램>

```
print("++  math 모듈의 내장함수 사례  ++")
print('-' * 30)
import math
#실수 절대값, 소수점 절삭, 모조건 올림,
print('절대값, math.fabs(-54.26) :', math.fabs(-54.26))
print('절대값, math.fabs(-94) :', math.fabs(-94))
print("반올림, math.floor(-23.71) : ", math.floor(-23.71))
print("반올림, math.floor(300.11) : ", math.floor(300.11) )
print("올림, math.ceil(-23.71) : ", math.ceil(-23.71))
print("올림, math.ceil(300.11) : ", math.ceil(300.11))
#팩토리얼, 지수, 자연로그, 로그
print("팩토리얼, math.factorial(5),5! : ", math.factorial(5))
print("지수, math.exp(3),e^3 : ", math.exp(3))
print("지수, math.exp(-3),e^(-3) : ", math.exp(-3))
print("자연로그, ln(100) : ", math.log(100))
print("자연로그, ln(1) : ", math.log(1))
print ("상용로그, log10(100) : ", math.log10(100))
print ("상용로그, log10(1) : ", math.log10(1))
#소수와 정수구분, 출력(소수점, 정수), 제곱근, 파이
print("소수/정수, math.modf(100.12) : ", math.modf(100.12))
tpl = (33.12, -15.25, 3.15, -31.2) #튜플 원소
print('튜플 데이터 =(33.12, -15.25, 3.15, -31.2)')
print("튜플 2번째,소 수/정수 : ", math.modf(tpl[1]))
print("제곱근, math.sqrt(100) : ", math.sqrt(100))
print("제곱근, math.sqrt(7) : ", math.sqrt(7))
print("파이, math.pi : ", math.pi)
```

그림 6.5는 math 모듈에 포함되어 있는 내장함수에서 삼각함수의 제외한 여러 함수의 사용 사례를 표현하는 프로그램과 실행 결과이다.

```
print("++  math 모듈의 내장함수 사례  ++")
print('-' * 30)
import math
#실수 절대값, 소수점 절삭, 모조건 올림.
print('절대값, math.fabs(-54.26) :', math.fabs(-54.26))
print('절대값, math.fabs(-94) :', math.fabs(-94))
print("반올림, math.floor(-23.71) : ", math.floor(-23.71))
print("반올림, math.floor(300.11) : ", math.floor(300.11) )
print("올림, math.ceil(-23.71) : ", math.ceil(-23.71))
print("올림, math.ceil(300.11) : ", math.ceil(300.11))
#팩토리얼, 지수, 자연로그, 로그
print("팩토리얼, math.factorial(5).5! : ", math.factorial(5))
print("지수, math.exp(3),e^3 : ", math.exp(3))
print("지수, math.exp(-3).e^(-3) : ", math.exp(-3))
print("자연로그, ln(100) : ", math.log(100))
print("자연로그, ln(1) : ", math.log(1))
print ("상용로그, log10(100) : ", math.log10(100))
print ("상용로그, log10(1) : ", math.log10(1))
#소수와 정수구분,출력 (소수점, 정수), 제곱근, 파이
print("소수/정수, math.modf(100.12) : ", math.modf(100.12))
tpl = (33.12, -15.25, 3.15, -31.2) #튜플 원소
print('튜플 데이터 =(33.12, -15.25, 3.15, -31.2)')
print("튜플 2번째,소수/정수 : ", math.modf(tpl[1]))
print("제곱근, math.sqrt(100) : ", math.sqrt(100))
print("제곱근, math.sqrt(7) : ", math.sqrt(7))
print("파이, math.pi : ", math.pi)
```

```
Python 3.7.5 (tags/v3.7.5:5c02a39a0b, Oct 15 2019, 00:11:34)
(AMD64)] on win32
Type "help", "copyright", "credits" or "license()" for more i
>>>
==================== RESTART: G:₩Mecha_10₩2022₩python₩num.py
++  math 모듈의 내장함수 사례  ++
------------------------------
절대값, math.fabs(-54.26) : 54.26
절대값, math.fabs(-94) : 94.0
반올림, math.floor(-23.71) :  -24
반올림, math.floor(300.11) :  300
올림, math.ceil(-23.71) :  -23
올림, math.ceil(300.11) :  301
팩토리얼, math.factorial(5).5! :  120
지수, math.exp(3),e^3 :  20.085536923187668
지수, math.exp(-3).e^(-3) :  0.049787068367863944
자연로그, ln(100) :  4.605170185988092
자연로그, ln(1) :  0.0
상용로그, log10(100) :  2.0
상용로그, log10(1) :  0.0
소수/정수, math.modf(100.12) :  (0.12000000000000455, 100.0)
튜플 데이터 =(33.12, -15.25, 3.15, -31.2)
튜플 2번째,소수/정수 :  (-0.25, -15.0)
제곱근, math.sqrt(100) :  10.0
제곱근, math.sqrt(7) :  2.6457513110645907
파이, math.pi :  3.141592653589793
>>>
```

그림 6.5 math 모듈 사용 사례

6.2 사용자 정의 모듈

프로그램의 작성 시 프로그램이 길어지면 프로그램을 여러 개로 나누어서 작성할 필요가 있다. 프로그램을 나눌 필요가 있으면 모듈 기능을 사용하여 공통으로 사용되는 변수, 함수, 클래스 등을 별도의 파일에 저장하고 라이브러리 형태로 사용하는 것이 편리하다. 모듈과 메인 소스 프로그램은 반드시 같은 디렉토리 내에 파일이 저장되도록 주의하여야 한다.

6.2.1 사용자 모듈 생성

필요에 따라서 만드는 사용자 모듈은 다음과 같이 생성한다.

```
def 메소드1() :
        실행문 11
        실행문 12
def 메소드2() :
        실행문 21
        실행문 22
```

여기서, def는 메소드 1과 메소드 2를 정의하는 명령어이고 메소드가 호출되면 하부에 있는 실행문이 동작한다. 여러 개의 메소드를 가진 모듈을 작성하였으면 다음과 같이 파일을 저장한다.

모듈명.py

여기서, 확장자 *.py를 가지도록 파일명을 작성하여 메인 프로그램에 저장되는 디렉토리에 생성한 모듈을 저장한다.

[예제 6.6] 마트에서 물건을 구매하는 고객에게 인사하는 greet 모듈을 만들고 구매금액의 제곱근으로 포인트를 계산하는 프로그램을 작성하라.

<프로그램>

```
<greet1 모듈 생성 : greet1.py>
def hello(name):
    x = '%s님 반갑습니다' % name
    return x
def hello1(name, object):
    x = '%s님 %s를(을) 구매해 주셔서 감사합니다' % (name, object)
    return x
```

<사용자 모듈 호출과 메인 프로그램>

```
print("++  사용자 모듈 호출  ++")
print('-' * 30)
import greet1
import math
a = str(input('이름을 입력해 주세요:'))
b = str(input('구매한물건:'))
c = int(input('구매금액을 입력하세요:'))
d = math.sqrt(c)
print('₩n')
print(greet1.hello('%s' % a))
print("구매금액은  %d원 입니다" % c)
print(greet1.hello1(a, b))
print("포인트 적립은 %d 점 입니다" % d)
```

그림 6.6은 사용자 모듈 greet1.py를 생성하고 메인 프로그램에서 이를 호출하여 사용하는 프로그램과 실행 결과이다.

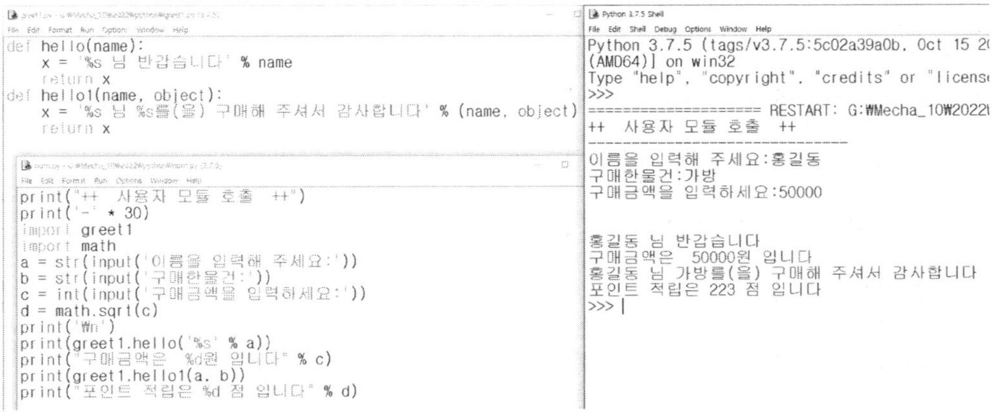

그림 6.6 사용자 모듈 생성과 호출

6.2.2 피보나치 수열의 사용자 모듈

피보나치 수열(Fibonacci series)은 첫 번째 및 둘째 항이 1이면 다음의 모든 항은 바로 앞 두 항의 합인 수열이며 처음 여섯 항은 각각 1, 1, 2, 3, 5, 8이다. 0번째 항부터 시작하는 피보나치 수열은 다음과 같이 정의한다.

0, 1, 1, 2, 3, 5, 8, 13, 21, 34, 55, 89, 144, 233, 377, 610, 987, 1597, 2584, 4181, 6765, 10946, ...

피보나치 수열의 점화식(수열에서 이웃하는 두 개의 항 사이에 성립하는 관계를 나타내는 식)은 다음과 같이 표현한다.

$$F_0 = 0, F_1 = 1, F_{n+2} = F_{n+1} + F_n \quad (n = 0,1,2,3,\ldots)$$

□ 피보나치 수열의 특징

- 인접한 두 숫자를 더하면 다음의 숫자가 나온다(예 : 34+55=89).
- 임의의 숫자를 분모로 하고 하나 건너 숫자를 분자로 하여 나누면 몫은 2가 되고 나머지는 분모 직전의 숫자가 된다(예 : $\frac{89}{34}=2\frac{21}{34}$, 몫은 2, 나머지는 21).
- 10번째 이후부터 임의의 숫자를 분모로 하고 다음의 숫자를 분자로 하여 나누면 황금비율을 나타내는 1.618이 된다(예 : $\frac{55}{34}=1.618$).
- 10번째 이후부터 임의의 숫자를 분모로 하고 하나 건너 숫자를 분자로 하여 나누면 2.618이 된다(예 : $\frac{89}{34}=2.618$).
- 인접한 두 항의 최대 공약수는 1이다.

□ 황금비율

직사각형의 가로 : 세로의 비율이 1 : r(r〉1)이고 한 변의 길이가 1인 정사각형을 오려내면 남은 직사각형의 비율은 r-1 : 1이다. 오려내고 남은 직사각형이 오려내기 전의 직사각형과 닮은 직사각형이 되는 비율을 황금비율이라고 하고, 다음과 같이 비례식으로 표현할 수 있다.

$$1:r=r-1:1$$
$$r^2-r-1=0$$

여기서, 2차 방정식은 근의 공식을 이용하여 해를 구하면 실근과 복소근으로 구해진다. 실근은 $r=\frac{\sqrt{5}+1}{2}\approx 1.618$이고 이것을 황금비율이라고 한다.

[예제 6.7] 피보나치 수열을 구하는 사용자 모듈(fibo.py)을 만들고 0에서 100까지의 피보나치 수열을 구하라.

<프로그램>

```
<사용자 모듈 : fibo.py>
#print('++ 피보나치 수열 사용자 모듈 ++')
def fib1(n):      # write Fibonacci series up to n
        a, b = 0, 1
        while a < n:
                print(a, end=' ')
                a, b = b, a+b
def fib2(n):    # return Fibonacci series up to n
        result = []
        a, b = 0, 1
        while a < n:
                result.append(a)
                a, b = b, a+b
        return result
```

<메인 프로그램>

```
print("++  피보나치 수열 사용자 모듈 호출 ++")
print('-' * 30)
import fibo
print('피보나치 수')
print(fibo.fib1(100))
print('피보나치 수열')
print(fibo.fib2(100))
```

그림 6.7은 피보나치 수와 수열을 구하는 피보나치 사용자 모듈을 만들고 이를 사용하여 피보나치 수와 수열을 화면에 출력하는 프로그램과 실행 결과이다. 0 ~ 100까지의 피보나치 수는 fib1() 메소드를 사용하여 구하고 피보나치 수열은 fib2() 메소드를 사용한다.

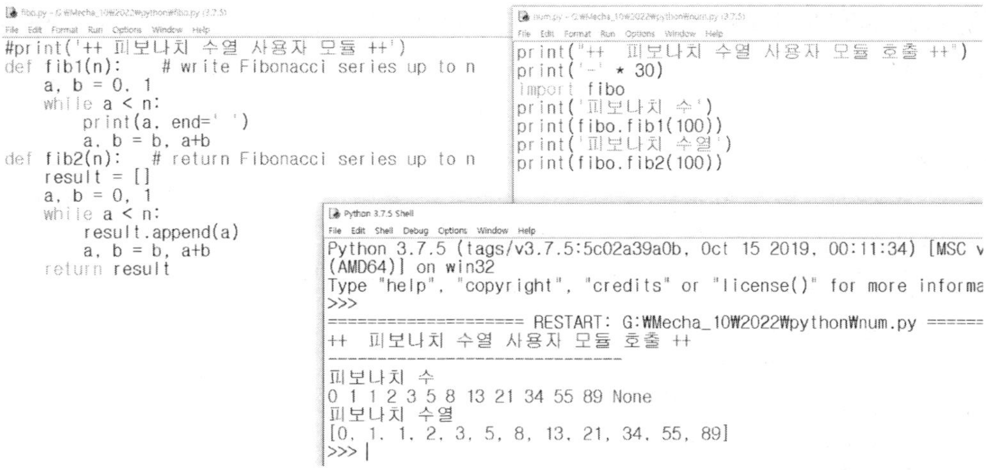

그림 6.7 피보나치 수열의 사용자 모듈 생성

☐ append( ), extend( ), insert( ) 함수

append( ), extend( ), insert( )는 요소를 추가하는 함수이나 추가하는 방식으로 구분한다.

① append( ) : array=[1,2,3]으로 리스트 데이터가 주어지면 array.append(x) 형태로 사용하고 append는 덧붙인다는 뜻으로 괄호( ) 안에 값을 입력하면 새로운 요소를 array 맨 끝에 array=[1,2,3,x]의 형태로 객체를 추가한다. 요소를 추가하는 경우에는 객체로 추가하므로 입력한 값이 리스트 데이터처럼 반복 가능한 자료형이라도 객체로 저장한다.

[예제 6.8] 리스트 데이터 [1,2,3]에 요소 4를 추가하고 요소 4 다음에는 리스트 데이터 [5,6]을 추가하는 프로그램을 작성하라.

<프로그램>

```
print("++  append() 함수 ++")
print('-' * 30)
nums = [1, 2, 3]
print('nums =%s' % nums)
print('₩n')
print('nums.append(4)')
nums.append(4)
print(nums, end='')
print('₩n')
print('nums.append([5,6])')
nums.append([5,6])
print(nums,end='')
```

그림 6.8은 리스트 데이터에 요소를 추가하기 위하여 append() 메소드를 사용하는 프로그램과 실행 결과이다. append() 메소드의 괄호 안에 요소를 리스트 데이터의 끝 쪽에 추가하는 것을 알 수 있다.

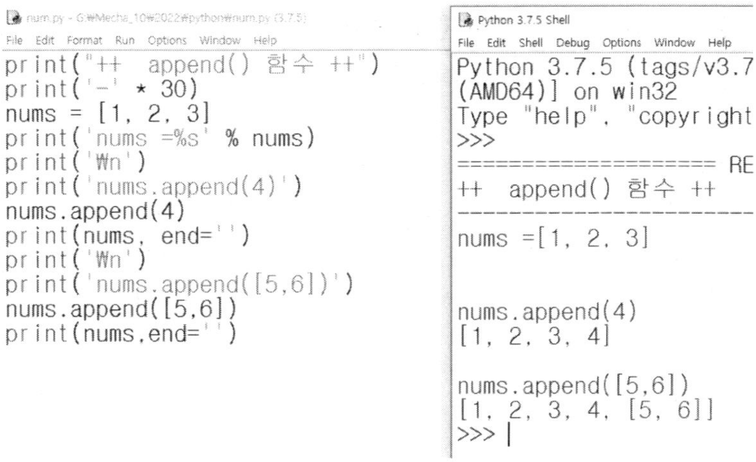

그림 6.8 append() 메소드를 사용한 요소 추가

② extend() : array=[1,2,3]으로 리스트 데이터가 주어지면 array.extend(iterable) 형태로 사용하고 입력한 iterable 자료형의 항목을 array의 끝에 하나씩 추가한다. append()와 같이 요소를 array의 끝에 추가하지만 append()와 다른 것은 괄호( ) 안에는 iterable 자료형만 올 수 있다는 것이다. iterable 자료형이 아닌 경우 TypeError가 발생한다.

[예제 6.9] 리스트 데이터 [1,2,3]에 리스트 데이터 [4,5]를 추가하고 다음에는 요소 100을 추가하는 프로그램을 작성하라.

<프로그램>

```
print("++  extend() 함수 ++")
print('-' * 30)
nums = [1, 2, 3]
print('nums =%s' % nums)
print('₩n')
print('nums.extend([4,5])')
nums.extend([4,5])
print(nums, end='')
print('₩n')
a=[100]
print('nums.extend(a)')
nums.extend(a)
print(nums,end='')
```

그림 6.9는 주어진 리스트 데이터에 리스트 요소를 추가하기 위하여 extend() 메소드를 사용하는 프로그램과 실행 결과이다. append()와 extend()의 차이는 다음에 추가하는 데이터가 다른 것에 주의하여야 한다. extend()를 사용하는 경우에는 초기에 주어진 데이터가 리스트이면 확장하는 데이터는 리스트 데이터로 추가되어야 한다.

num.py - G:₩Mecha_10₩2022₩python₩num.py (3.7.5)

File Edit Format Run Options Window Help

```
print("++  extend() 함수 ++")
print('-' * 30)
nums = [1, 2, 3]
print('nums =%s' % nums)
print('₩n')
print('nums.extend([4,5])')
nums.extend([4,5])
print(nums, end='')
print('₩n')
a=[100]
print('nums.extend(a)')
nums.extend(a)
print(nums,end='')
```

Python 3.7.5 Shell

File Edit Shell Debug Options Window Help

```
Python 3.7.5 (tags/v3.7.
(AMD64)] on win32
Type "help", "copyright"
>>>
==================== RES
++  extend() 함수 ++
-------------------------
nums =[1, 2, 3]


nums.extend([4,5])
[1, 2, 3, 4, 5]

nums.extend(a)
[1, 2, 3, 4, 5, 100]
>>> |
```

그림 6.9 extend() 메소드를 사용한 요소 추가

③ insert() : array=[1,2,3]으로 리스트 데이터가 주어지면 array.insert(i, x) 형태로 사용한다. array의 원하는 위치 i 앞에 추가할 값 x를 삽입할 수 있으며, i는 위치를 나타내는 숫자를 입력한다. 음수를 입력하면 배열의 끝을 기준으로 처리되고 추가할 값 x는 객체로 추가되며 iterable 자료형이더라도 객체로 저장된다.

[예제 6.10] 리스트 데이터 [1,2,3]에 리스트 데이터 [4,5,6]을 맨 앞에 추가하고 요소 100은 맨 끝에서 하나 앞의 수인 3 앞에 추가하도록 프로그램을 작성하라.

<프로그램>

```
print("++  insert() 함수 ++")
print('-' * 30)
nums = [1, 2, 3]
print('nums =%s' % nums)
print('₩n')
print('nums.insert(0,[4,5,6])')
nums.insert(0,[4,5,6])
print(nums, end='')
print('₩n')
print('nums.insert(-1, 100)')
nums.insert(-1,100)
print(nums,end='')
```

그림 6.10은 주어진 리스트 데이터에 insert() 메소드를 사용하여 리스트 데이터를 지정한 위치에 추가하는 것과 요소를 지정한 위치에 추가하는 프로그램과 실행 결과이다. insert() 메소드는 지정한 위치에 리스트 데이터 또는 요소를 추가할 수 있다.

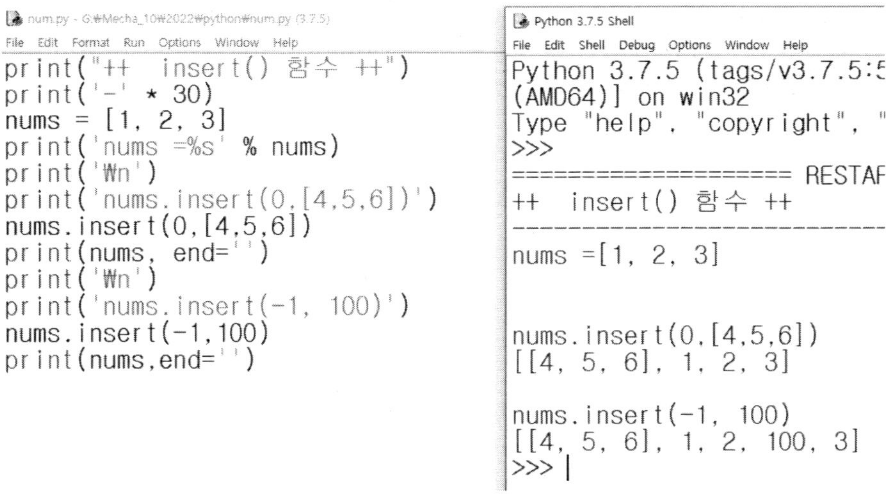

그림 6.10 insert() 메소드를 사용한 요소 추가

6.3 random과 daytime 모듈

6.3.1 random 모듈

표 6.4는 random 모듈의 메소드와 기능이다. random 모듈은 난수를 발생시키거나 난수와 관련된 기능을 제공하는 모듈이다.

표 6.4 random 모듈의 메소드

내장함수	기능
random()	0과 1 사이의 실수형 난수
randrange()	특정 영역에 있는 임의의 정수값 반환
randint()	특정 영역에 있는 임의의 정수값 반환
choice()	리스트와 튜플 범위의 숫자 중에서 임의의 요소 하나를 반환
shuffle()	리스트, 튜플, 문자열 등 요소의 순서를 임의로 바꾸기

□ random() 함수

random() 함수는 0과 1 사이의 실수형 난수로, 다음과 같이 표현한다.

```
random.random()
```

□ randrange() 함수

randrange() 함수는 특정 영역 안에 있는 임의의 정수값을 반환하는 함수로서 다음과 같이 표현한다.

```
random.randrange(start, stop, step)
```

여기서, step를 생략하면 기본값으로 1이 사용된다.

□ randint() 함수

randint() 함수는 특정 영역 안에 있는 임의의 정수값을 반환하는 함수로서 다음과 같이 표현한다.

```
random.randint(start, stop)
```

[예제 6.11] random() 모듈에서 random.random() 메소드를 사용하여 0 ~ 1 사이의 실수형 난수를 5회 출력하고, random.randrange(start, stop, step) 메소드를 사용하여 0 ~ 10 사이의 정수에서 스텝 2가 있는 경우와 없는 경우를 고려하여 3회 출력과 random.randint(start, stop) 메소드를 사용하여 0 ~ 10 사이의 정수 난수를 출력하는 프로그램을 작성하라.

<프로그램>

```
print('++ random() 모듈 사용 ++')
print('-' * 30)
import random
#random()함수
print('random.random()')
for x in range(5) :
        print(random.random())
# randrange()함수
print('random.randrange(0,10,2)')
for x in range(3) :
        print(random.randrange(0,10,2))
print('random.randrange(0,10)')
for x in range(3) :
        print(random.randrange(0,10))
print('₩n')
#randint()함수
print('random.randint(0,10)')
for x in range(3) :
        print(random.randint(0,10))
```

그림 6.11은 random() 모듈에서 random.random(), random.randrange(start, stop, step), random.randint(start, stop) 메소드를 사용하여 실수형 난수와 정수형 난수를 출력하는 프로그램과 실행 결과이다.

```
print('++ random() 모듈 사용 ++')
print('-' * 30)
import random
#random()함수
print('random.random()')
for x in range(5) :
    print(random.random())
# randrange()함수
print('random.randrange(0,10,2)')
for x in range(3) :
    print(random.randrange(0,10,2))
print('random.randrange(0,10)')
for x in range(3) :
    print(random.randrange(0,10))
print('\n')
#randint()함수
print('random.randint(0,10)')
for x in range(3) :
    print(random.randint(0,10))
```

```
Python 3.7.5 (tags/v3.7.5:5c(
(AMD64)] on win32
Type "help", "copyright", "cı
>>>
==================== RESTART
++ random() 모듈 사용 ++
------------------------------
random.random()
0.05288885374109498
0.259340366183047
0.2544559561198768
0.4859267481225067
0.986373437528134
random.randrange(0,10,2)
2
6
2
random.randrange(0,10)
6
6
0


random.randint(0,10)
0
9
8
>>> |
```

그림 6.11 random() 모듈 사용 사례

□ choice() 함수

choice() 함수는 리스트, 튜플 범위의 숫자에서 임의의 요소 하나를 선택하여 반환하며 다음과 같이 표현한다.

```
random.choice(sequence)
```

□ shuffle() 함수

shuffle() 함수는 리스트, 튜플, 문자열의 요소 순서를 임의로 바꾸는 기능을 가지고 있으며 다음과 같이 표현한다.

```
random.shuffle(sequence)
```

[예제 6.12] random() 모듈에서 random.choice() 메소드를 사용하여 문자열 리스트 [가위, 바위, 보]에서 하나의 문자를 선택하여 출력하는 것과 random.shuffle() 메소드를 사용하여 문자열과 정수 리스트 데이터의 순서를 임의로 바꾸는 프로그램을 작성하라.

<프로그램>

```
print('++ random() 모듈 사용 ++')
print('-' * 30)
import random
print('choice()함수')
print("y = ['가위','바위','보']")
y = ['가위','바위','보']
for x in range(5) :
        print(random.choice(y))
print('문자열 데이터, shuffle()함수')
y = ['가위','바위','보']
for x in range(5) :
        random.shuffle(y)
        print(y)
print('리스트 데이터, shuffle()함수')
listdata = list(range(1,10))
print('listdata=',listdata)
random.shuffle(listdata)
print(listdata)
```

그림 6.12는 random() 모듈에서 random.choice()와 random.shuffle() 메소드를 사용하여 리스트 데이터의 문자열과 정수를 랜덤하게 출력하는 것과 순서를 임의로 바꾸는 프로그램과 실행 결과이다.

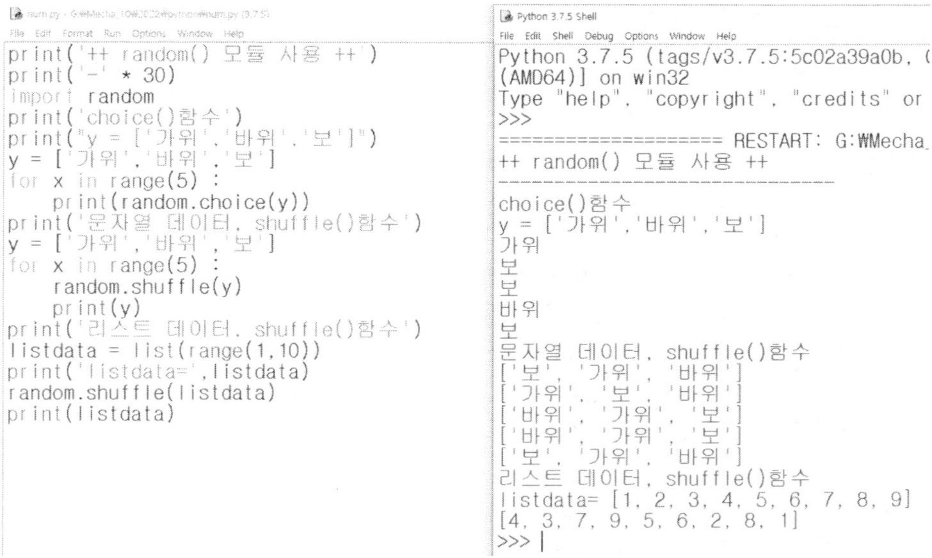

그림 6.12 random() 모듈 사용 사례

6.3.2 daytime 모듈

표 6.5는 daytime 모듈의 strftime() 메소드에서 사용되는 포맷 기호와 기능이다. daytime 모듈은 컴퓨터에서 날짜와 시간에 관련된 클래스를 제공하며, 모듈 내부에 date, time, datetime 객체를 포함한다.

표 6.5 strftime() 메소드의 포맷 기호와 기능

기호	기능	표시 사례
%Y	네자리 연도	2022
%y	두자리 연도	21, 22
%m	월	01, 02
%d	일	01, 02
%A	요일	Sunday, Monday
%a	생략 요일	Sun, Mon
%H	시(24시간 기준)	00, 01,..., 24
%I	시(12시간 기준)	00, 01,..., 12
%p	AM 또는 PM	AM, PM
%M	분	00, 01,..., 59
%S	초	00, 01,..., 59

[예제 6.13] daytime 모듈을 사용하여 년, 월, 일, 시, 분, 초를 출력하고 현재의 날짜와 시간을 출력하는 프로그램을 작성하라.

<프로그램>

```
print('++ datetime모듈 사용 ++')
print('-' * 30)
from datetime import datetime
today = datetime.now()
print('년 : %s' % today.year)
print('월 : %s' % today.month)
print('일 : %s' % today.day)
print('시 : %s' % today.hour)
print('분 : %s' % today.minute)
print('초 : %s' % today.second)
print(today.strftime('%Y/%m/%d  %H:%M:%S'))
print(today.strftime('%y-%m-%d  %p  %I:%M:%S'))
```

그림 6.13은 daytime() 모듈에서 현재의 시간 상태를 입력받아서 년에서부터 초에 해당하는 항목까지 화면에 출력하고 strftime() 메소드의 포맷 기호를 사용하여 다양한 방법으로 화면에 출력하는 프로그램과 실행 결과이다.

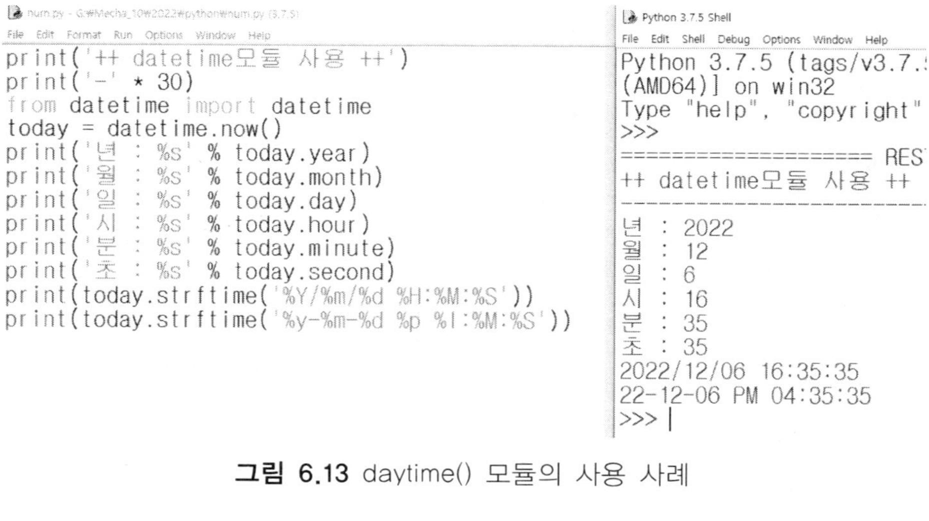

그림 6.13 daytime() 모듈의 사용 사례

6.3.3 확장패키지 설치

파이썬 패키지는 특정 기능을 수행하는 모듈을 모아 놓은 라이브러리를 의미하며 제공하는 기본 모듈 이외에 PyPI(Python Package Index)의 사이트인 http://pypi.org에서 확장패키지를 다운로드할 수 있다.

파이썬의 IDLE 프로그램에 기본적으로 내장되어 있는 모듈의 목록을 보기 위해서는 파이썬 셸에서 아래와 같이 입력한다.

```
>>> help('modules')
```

그림 6.14는 파이썬에 내장되어 있는 모듈의 목록이며, 지금까지 사용해 왔던 random, math, daytime 등이 목록에 나타난다.

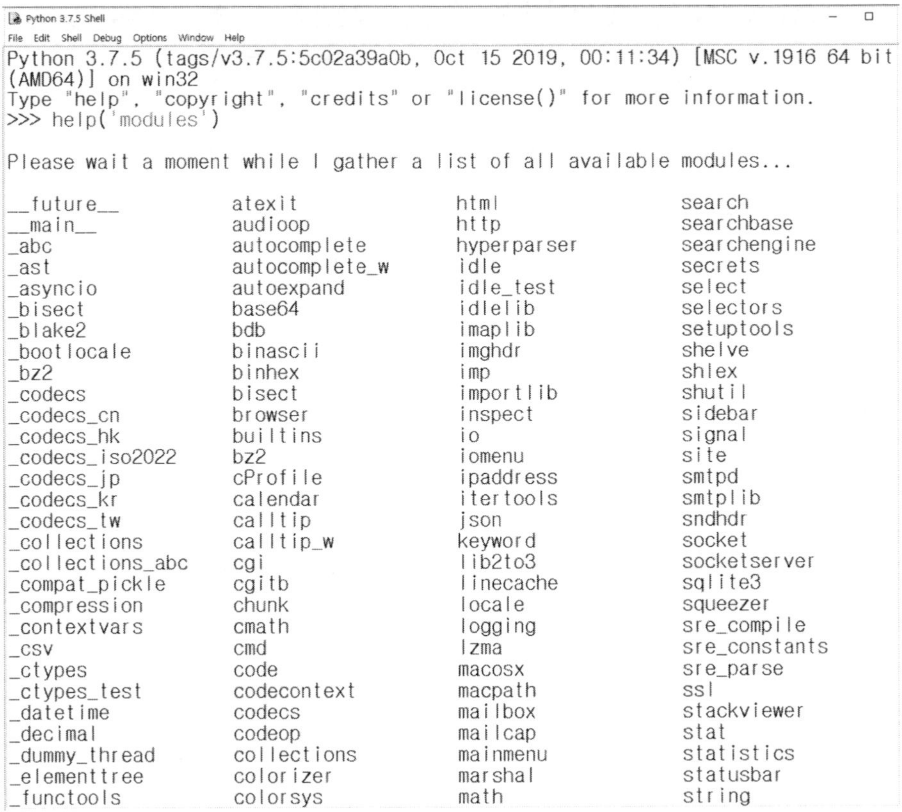

그림 6.14 파이썬에 내장되어 있는 모듈 목록

그림 6.15는 파이썬의 확장패키지를 다운로드하는 사이트이며, 파이썬의 확장패키지 모듈은 PyPI(Python Package Index)의 사이트인 http://pypi.org에서 다운로드할 수 있다.

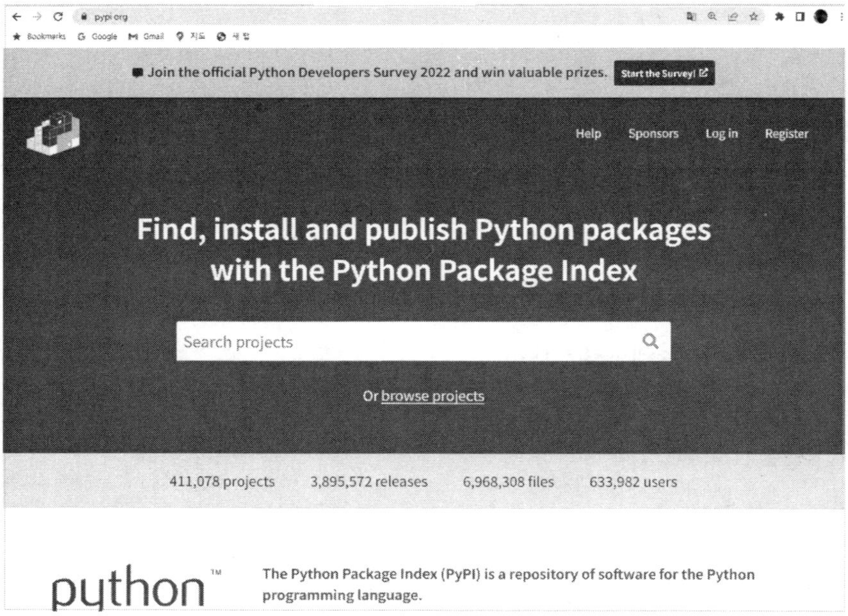

그림 6.15 파이썬의 확장패키지 다운로드 사이트

6.3.4 pyserial 모듈 설치

파이썬의 최근 버전에서는 시리얼 통신 모듈이 내장되어 있는 경우도 있으나 낮은 버전에서는 통신 모듈이 설치되어 있지 않으므로 별도로 설치하여야 한다. 확장 패키지를 별도를 설치할 경우에는 명령 프롬프트에서 다음과 같은 형식을 사용한다.

```
c:\USERS\박정규>pip install 모듈명
```

그림 6.16은 pyserial 모듈 설치를 위해 명령 프롬프트를 찾는 검색 과정을 나타낸다. 윈도우 좌측 하단의 검색창에서 cmd를 입력하고 명령 프롬프트를 실행한다.

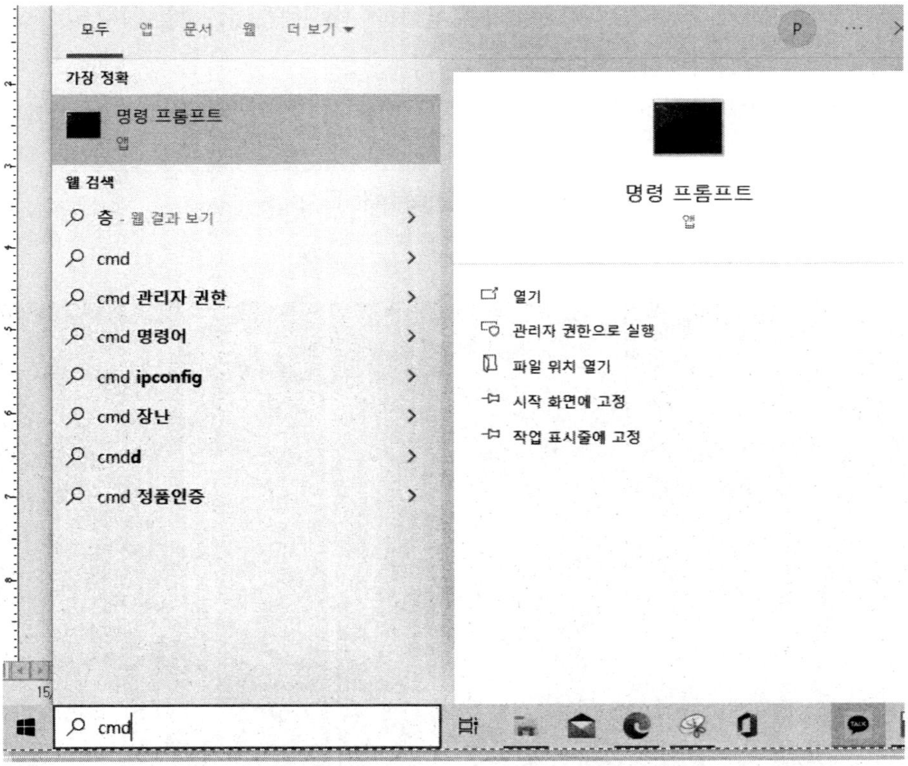

그림 6.16 검색창에 cmd 입력

그림 6.17은 명령 프롬프트를 실행하고 파이썬의 통신 패키지를 설치하기 위하여 명령어를 입력한 상태이다. 파이썬으로 컴퓨터와 통신을 하기 위해서는 파이썬 시리얼 통신 패키지를 설치해야 한다. 파이썬을 설치하고 시리얼 통신 패키지가 설치되어 있지 않을 경우에는 명령 프롬프트에서 다음과 같이 입력한다.

```
c:\USERS\박정규>pip install pyserial
```

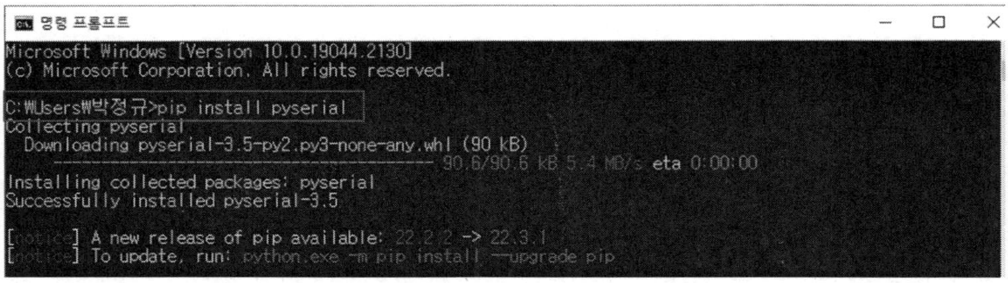

그림 6.17 시리얼 통신 인스톨

그림 6.18은 파이썬의 시리얼 통신 패키지를 설치한 후에 업그레이드를 실시하기 위한 명령어를 입력한 상태를 나타낸다. 시리얼 통신 패키지 설치가 완료되고 업그레이드 메시지가 나타나면 다음과 같이 입력하여 업그레이드를 실시한다.

```
c:\USERS\박정규>python -m pip install -U pip
```

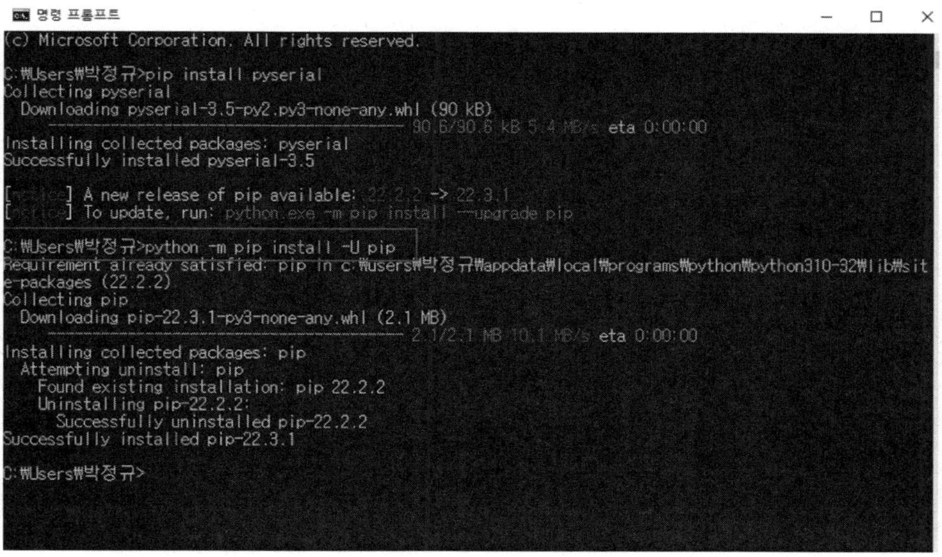

그림 6.18 시리얼 통신 업그레이드

그림 6.19는 serial과 matplotlib 모듈이 설치된 상태이다. serial은 시리얼 통신을 위한 모듈이고 matplotlib는 그래프를 그리기 위한 모듈이다. 그래프 그리기에 사용되는 matplotlib 모듈은 다음의 명령어를 사용하여 설치한다.

```
c:₩USERS₩박정규>pip install matplotlib
```

확장 패키지의 설치가 완료되면 설치된 상태를 확인하기 위하여 다음과 같은 명령어를 실행하여 확인한다.

```
>>> help('modules')
```

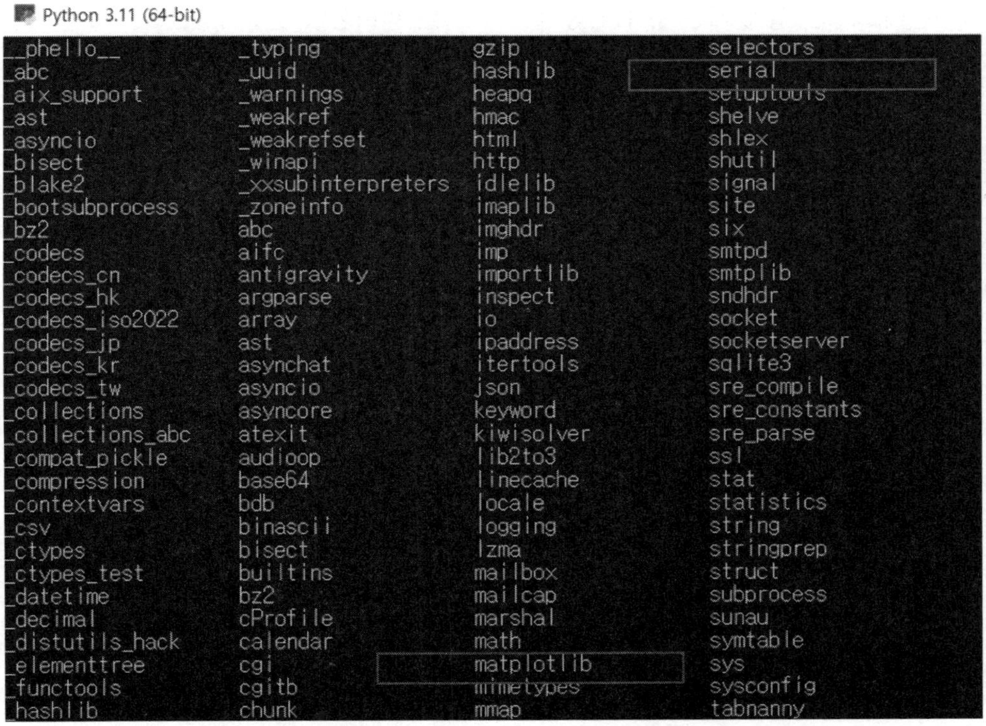

그림 6.19 serial과 matplotlib 설치 확인 : help('modules')

6.4 객체지향 프로그램

6.4.1 객체, 클래스, 메소드 개념

파이썬, C++, PHP(Hypertext Preprocessor) 및 자바 등의 컴퓨터 언어들은 객체지향 프로그램 기능을 가지고 있으며, 객체지향과 반대 개념인 절차지향 프로그램도 있다. 절차지향 프로그램은 프로그램의 진행이 순서대로 수행되는 것으로서 함수가 호출되면 호출된 해당 함수를 실행하고 다시 호출한 위치로 복귀하는 프로그램이다.

객체지향 프로그램은 프로그램의 구성이 객체 중심으로 이루어지고 객체는 다시 클래스로부터 생성된다. 클래스는 속성과 메소드로 구성되며 속성은 객체 내부에서 사용되는 변수를 의미하고 메소드는 객체 내부에서 사용하는 함수를 의미한다.

□ 객체, 클래스, 메소드의 정의

① 객체 : 클래스로부터 생성, 클래스의 속성과 메소드를 가짐
② 클래스 : 객체에서 사용되는 속성과 메소드를 정의하는 틀
③ 메소드 : 클래스와 객체에서 사용되는 함수
④ 속성 : 클래스와 객체에서 사용되는 변수

□ 객체와 클래스 사용 형식

객체와 클래스를 정의하는 서식은 다음과 같다.

```
class 클래스명 :
        속성 A
        속성 B
        .......
        def 메소드명() :
                속성 C
                ....
        def 메소드명() :
                속성 D
                ....
객체명 = 클래스명()
        객체명.속성명
        객체명.메소드명
```

[예제 6.14] 임의의 변수 두 개를 사용하여 덧셈하는 객체지향 프로그램을 작성하라.

<프로그램>

```
print('++ 객체생성,클래스/메소드정의 ++')
print('-' * 30)
class Calculator :          #클래스 정의
    def set(self,x,y):          #메소드 정의
        self.first = x
        self.second = y
    def add(self) :          #메소드정의
        result = self.first + self.second
        return result
cal_01 = Calculator()          #객체생성
cal_01.set(10,20)
print('%d + %d = %d' % (cal_01.first, cal_01.second, cal_01.add()))
cal_01.set(100,200)
print('%d + %d = %d' % (cal_01.first, cal_01.second, cal_01.add()))
```

그림 6.20은 임의의 변수를 사용하여 계산하는 클래스를 정의하고 덧셈을 하는 객체지향 프로그램과 실행 결과이다.

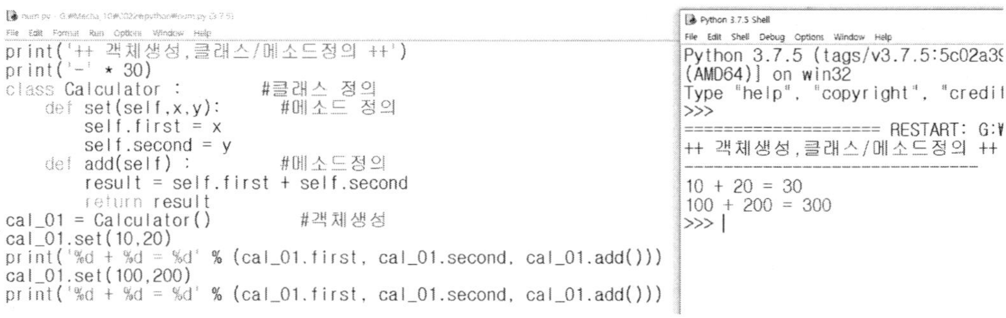

그림 6.20 객체지향 프로그램 : 덧셈

6.4.2 객체 생성자

파이썬에서의 생성자는 객체를 생성할 때 자동으로 호출하는 함수로서 객체생성 시에 객체의 초기화 작업에 사용한다. 객체 생성자의 형식은 다음과 같다.

```
class 클래스명:
        def __init__(self, 매개변수1, 매개변수2,....)
                문장 1
                문장 2
                ....
객체명 = 클래스명(매개변수 값1, 매개변수 값2, ...)
```

[예제 6.15] 객체 생성자를 사용하여 회원의 이름, 나이, 신장 및 무게를 정리하는 프로그램을 작성하라.

<프로그램>

```
print('++ 객체 생성자 사용 ++')
print('-' * 30)
class Member :              #클래스 정의
        def __init__(self, name, age, height, weight):  #객체 생성자
                self.name = name
                self.age = age
                self.height = height
                self.weight = weight
        def showMember(self):              #메소드 정의
                print('이름:%s' % self.name)
                print('나이:%s' % self.age)
                print('신장:%s' % self.height)
                print('무게:%s' % self.weight)
mem1 = Member('홍길동',30,180,80)          #객체생성
mem1.showMember()
mem2 = Member('홍길순',33,165,60)          #객체생성
mem2.showMember()
```

그림 6.21은 객체지향 프로그램에서 객체 생성자를 사용하여 회원의 신체적 정보를 관리하는 프로그램과 실행 결과이다. 객체 생성자에는 이름, 나이, 키, 몸무게를 나타내는 변수명이 정의되어 있다.

```
print('++ 객체 생성자 사용 ++')
print('-' * 30)
class Member :            #클래스 정의
    def __init__(self, name, age, height, weight):      #객체 생성자
        self.name = name
        self.age = age
        self.height = height
        self.weight = weight
    def showMember(self):          #메소드 정의
        print('이름:%s' % self.name)
        print('나이:%s' % self.age)
        print('신장:%s' % self.height)
        print('무게:%s' % self.weight)
mem1 = Member('홍길동',30,180,80)          #객체생성
mem1.showMember()
mem2 = Member('홍길순',33,165,60)          #객체생성
mem2.showMember()
```

```
Python 3.7.5 (tags/v3.7.5
(AMD64)] on win32
Type "help", "copyright",
>>>
==================== REST
++ 객체 생성자 사용 ++
------------------------------
이름:홍길동
나이:30
신장:180
무게:80
이름:홍길순
나이:33
신장:165
무게:60
>>>
```

그림 6.21 객체지향 프로그램 : 객체 생성자

6.4.3 클래스 상속

객체지향 프로그램은 대부분이 클래스를 상속하는 기능을 지원하고 있으며, 파이썬에서도 마찬가지로 부모 클래스의 속성과 메소드를 자식 클래스에 상속한다. 클래스 상속은 다음과 같은 형식으로 작성한다.

```
class 부모 클래스:
        ...내용...
class 자식 클래스(부모 클래스):
        ...내용...
```

여기서, 자식 클래스를 선언할 때 괄호 안에 부모 클래스를 작성하면 자식 클래스에서는 부모 클래스의 속성과 메소드를 기재하지 않아도 된다.

[예제 6.16] 클래스 상속을 사용하여 "아들은 {아빠}를 닮아서 잘 생겼다"와 "아빠 {얼굴} 말이야" 라는 두 문장을 출력하라.

<프로그램>

```
print('++ 클래스 상속 사용 ++')
print('-' * 30)
class father :  # 부모 클래스
        def __init__(self, who):      #객체 생성자
                self.who = who
        def handsome(self):        #메소드 정의
                print("아들은 {}를 닮아 잘 생겼다".format(self.who))
class son(father):   # 자식 클래스, 부모 클래스 상속
        def __init__(self,who,where): #객체 생성자
                super().__init__(who)
                self.where = where
        def choice(self):          #메소드 정의
                print("아빠 {} 말이야".format(self.where))
        def handsome(self):        #메소드 정의
                super().handsome()
                self.choice()
son1 = son("아빠","얼굴")
son1.handsome()
```

그림 6.22는 부모 클래스의 속성과 메소드를 자식 클래스에 상속하는 프로그램과 실행 결과이다. 여기서 주의해야 할 사항은 print("아빠 {} 말이야".format(self.where))에서 .format와 같이 format 앞에 마침표가 있어야 한다. 만약 ,format처럼 format 앞에 콤마(,)가 있으면 "아빠 {} 말이야 얼굴"와 같이 얼굴의 위치가 {} 안에 있지 못하고 맨 뒤쪽에 위치한다.

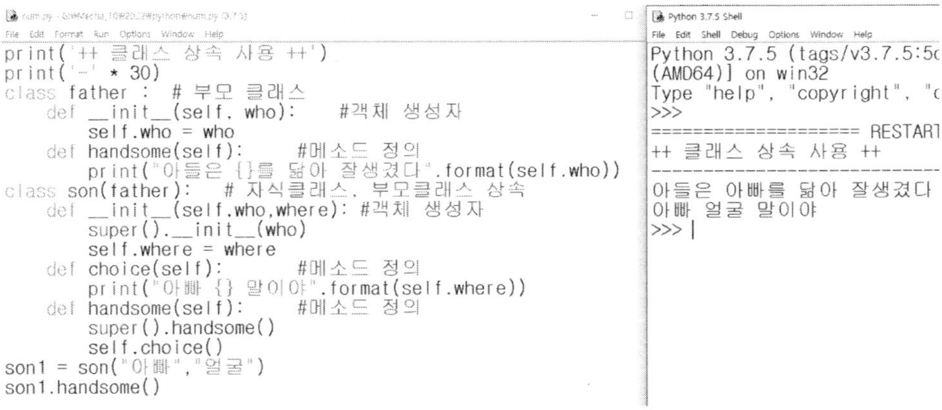

그림 6.22 클래스 상속 : 사람 얼굴

[예제 6.17] 클래스 상속을 사용하여 반려견의 이름, 나이 및 짖는 소리를 나타내는 프로그램을 작성하라.

<프로그램>

```
print('++ 클래스 상속 사용 ++')
print('-' * 30)
class Animal :              #부모 클래스
    def __init__(self,name,age):        #객체 생성자
        self.name = name
        self.age = age
    def printName(self):            #메소드 정의
        print('이름:',self.name)
    def printAge(self):             #메소드 정의
        print('나이:',self.age)
class Dog(Animal):  #자식 클래스, 부모 클래스 상속
    def __init__(self,name,age,sound):
        super().__init__(name,age)  #부모 클래스의 생성자
        self.sound = sound    #자식 클래스 생성자
    def printSound(self):    # 메소드 정의
        print('소리:',self.sound)
dog1 = Dog('복실이',5,'왈~왈~')          #객체생성
dog1.printName()
dog1.printAge()
dog1.printSound()
```

그림 6.23은 반려견의 이름과 나이를 부모 클래스의 속성으로 설정하고 반려견의 소리를 자식 클래스의 속성으로 설정한 클래스 상속의 프로그램과 실행 결과이다.

```
print('++ 클래스 상속 사용 ++')
print('-' * 30)
class Animal :              #부모 클래스
    def __init__(self,name,age):       #객체 생성자
        self.name = name
        self.age = age
    def printName(self):          #메소드 정의
        print('이름:',self.name)
    def printAge(self):          #메소드 정의
        print('나이:',self.age)
class Dog(Animal):  #자식 클래스, 부모 클래스 상속
    def __init__(self,name,age,sound):
        super().__init__(name,age)  #부모 클래스의 생성자
        self.sound = sound   #자식 클래스 생성자
    def printSound(self):   # 메소드 정의
        print('소리:',self.sound)

dog1 = Dog('복실이',5,'왈~왈~')          #객체생성
dog1.printName()
dog1.printAge()
dog1.printSound()
```

```
Python 3.7.5 (tags/v3.7.5:
(AMD64)] on win32
Type "help", "copyright",
>>>
==================== RESTA
++ 클래스 상속 사용 ++
--------------------------
이름: 복실이
나이: 5
소리: 왈~왈~
>>>
```

그림 6.23 클래스 상속 : 반려견

제7장

파이썬과 아두이노

그림 7.1은 파이썬을 사용하여 아두이노에 장착되어 있는 센서, 스위치, 모터 및 LED를 제어하기 위한 통신 개념도이다. 아두이노는 기본적으로 UART(Universal Asynchrounous serial Receiver and Transmitter) 방식의 Serial 통신을 지원하며 데이터를 보낼 때 데이터 선(lane)에서 데이터를 보내는 방식으로 컴퓨터와 통신이 가능하다. 파이썬으로 아두이노를 직접 제어하는 것이 아니라 아두이노는 컴퓨터와 시리얼 통신을 하고 파이썬은 pyserial 모듈을 이용해서 컴퓨터를 제어한다. 아두이노 보드에 정착된 센서 및 모터를 제어하고 모니터링하기 위해서는 아두이노 IDE를 사용하여 시리얼 통신기능이 포함된 제어 프로그램을 작성하여 업로드하고 파이썬에서는 별도로 제어 프로그램을 작성하여야 한다.

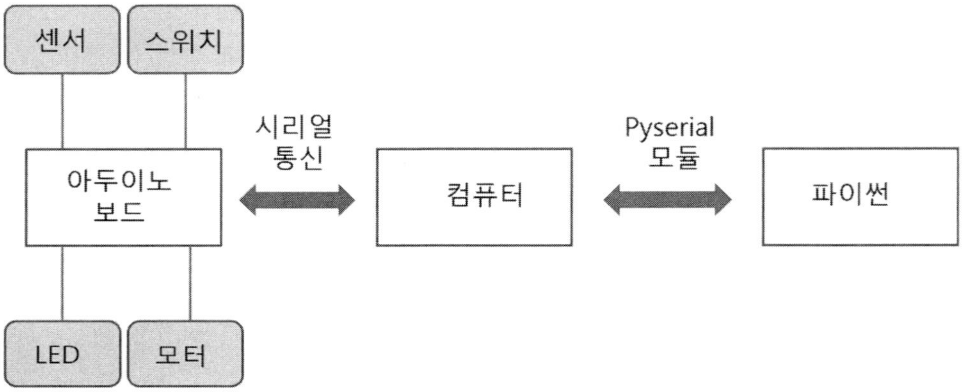

그림 7.1 아두이노와 파이썬 통신 개념도

7.1 아두이노

7.1.1 아두이노 IDE 설치

그림 7.2는 아두이노 보드 및 연관부품, 모듈을 구매할 수 있고 아두이노 IDE(Integrated Development Environment, 통합개발환경)를 다운로드할 수 있으며 관련 프로그램을 공유할 수 있는 홈페이지이다. 아두이노의 홈페이지는 https://www.arduino.cc/에서 접속할 수 있다.

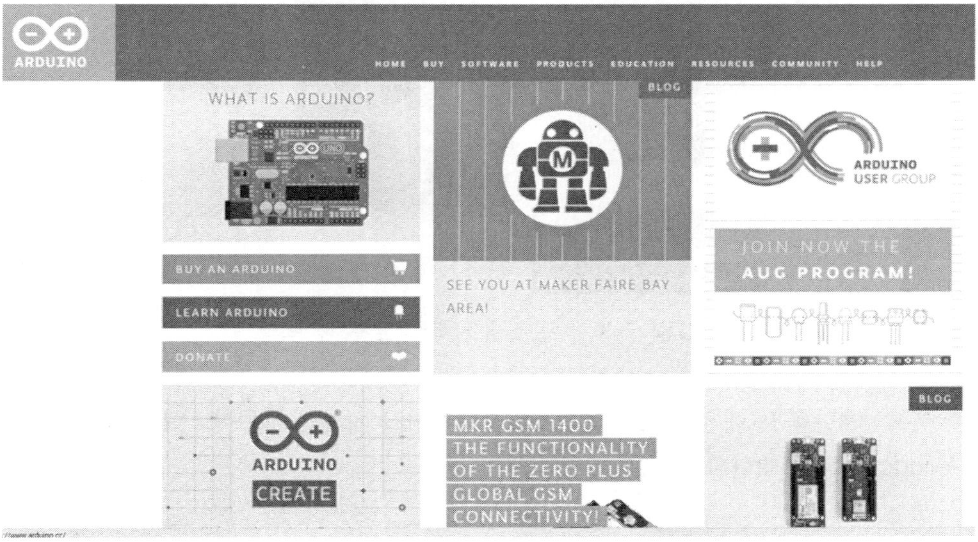

그림 7.2 아두이노 홈페이지

풀다운 메뉴는 부품구매와 판매자, 소프트웨어의 다운로드 및 보드와 응용제품 등을 나타낸다.

그림 7.3은 아두이노 홈페이지에서 아두이노 IDE를 다운로드하는 상태이다. 풀다운 메뉴의 소프트웨어 탭에서 다운로드를 선택하여 아두이노 IDE를 설치한다.

그림 7.3 소프트웨어 다운로드 선택

그림 7.4는 개발용 PC에 설치되어 있는 OS에 따라서 설치하는 아두이노 IDE이다. 본 교재에서는 Windows를 선택한다.

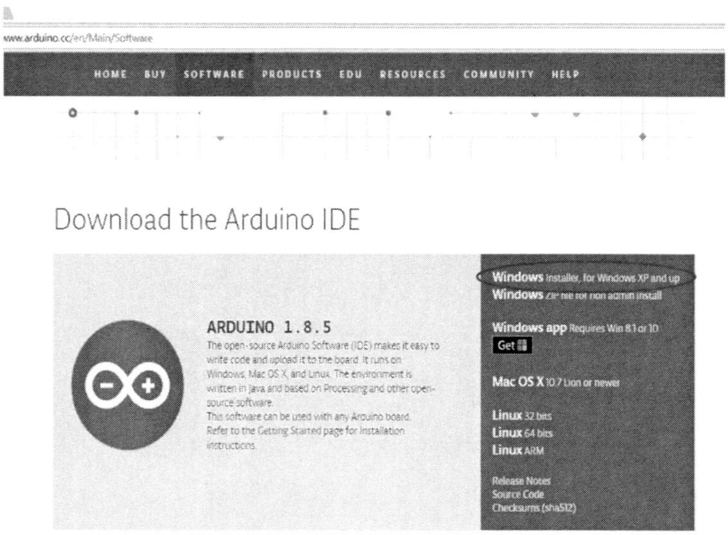

그림 7.4 아두이노 IDE 선택

그림 7.5는 아두이노 IDE를 다운로드하면서 다운로드만 실시할 것인지 구매할 것인지를 확인하는 상태이다. 여기서는 "JUST DOWNLOAD"를 선택한다.

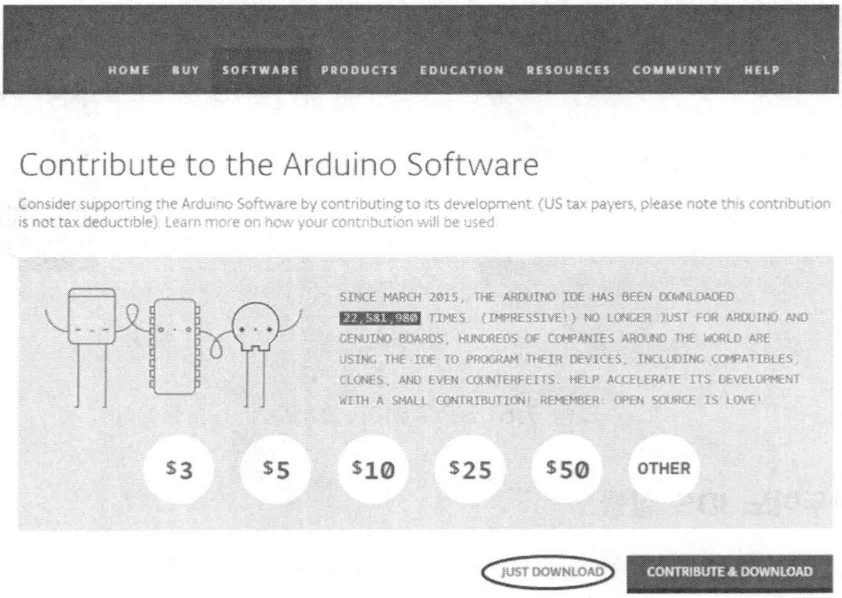

그림 7.5 소프트웨어 다운로드

그림 7.6은 아두이노 IDE를 다운로드하고 설치하는 순서이다. 가장 먼저 '라이센스에 동의'하는 것을 선택하고 다음으로 설치 옵션에서 설치하고자 하는 사항을 선택한다. 여기서는 전부 다 체크하고 Next를 체크한다. 파일을 다운로드하고자 하는 디렉토리를 지정하고 Install을 체크한다. 아두이노 IDE의 설치가 진행되어 완료상태가 나타나면 닫기를 선택하여 프로그램 설치를 종료한다. 프로그램의 설치가 완료되면 바탕화면에는 아두이노의 아이콘이 생성되므로 이를 더블 클릭하면 아두이노 IDE가 실행된다.

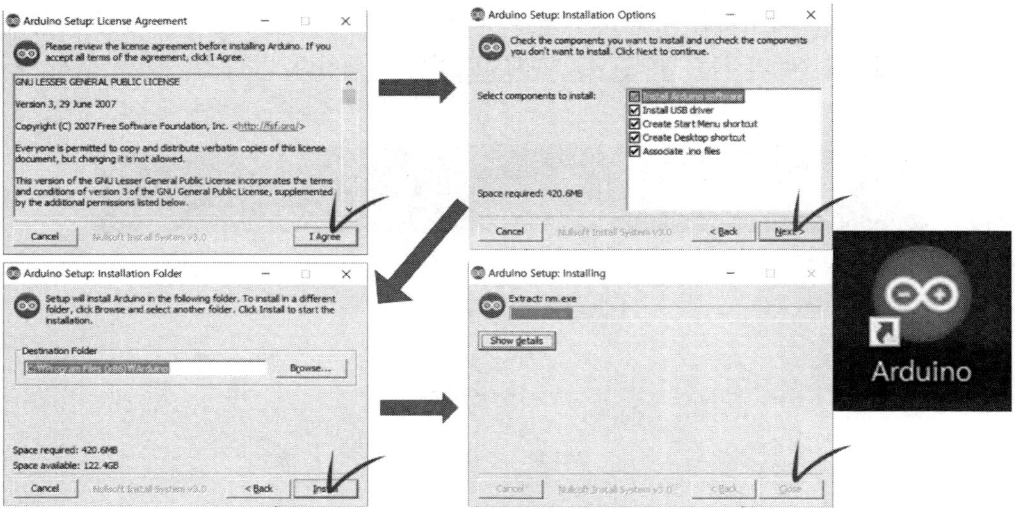

그림 7.6 소프트웨어 설치순서

7.1.2 아두이노 IDE 실행

그림 7.7은 아두이노 IDE를 실행한 상태이다. 아두이노 통합 개발 환경 또는 아두이노 소프트웨어(IDE)는 코드 작성, 메시지 영역, 텍스트 콘솔, 공통 기능 단추 및 일련의 메뉴가 있는 도구 모음을 포함하는 텍스트 편집기가 포함되어 있으며, 아두이노 보드에 연결하여 프로그램을 업로드하고 통신한다. 아두이노 IDE의 기본 구성은 다음과 같다.

```
void setup() {
 // put your setup code here, to run once:
}
void loop() {
// put your main code here, to run repeatedly:
}
```

여기서, void setup(){....}은 {....} 안에 아두이노 보드를 설정하는 명령어를 지정한다. void loop(){.... }는 무한 반복하는 기능을 나타내며 수행하고자 하는 명령어를 {.....}에 작성한다.

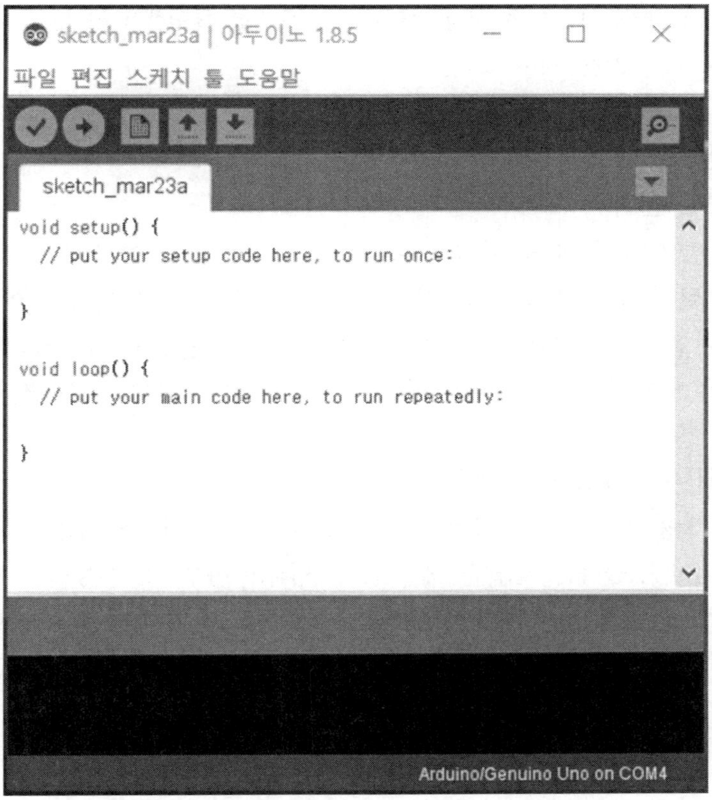

그림 7.7 아두이노 IDE의 실행

▢ 스케치 버튼

① 컴파일 버튼 : 

컴파일(사람이 이해하기 쉬운 언어로 작성된 프로그램을 기계가 이해할 수 있는 기계어로 번역하는 과정) 버튼은 작성한 코드가 잘못되었는지 확인할 수 있는 버튼이다. 코드를 작성한 후에 이 버튼을 클릭하면 컴퓨터가 컴파일을 수행한다. 만약 잘못된 코드가 있으면 에러 메시지가 아래 창에 나타나므로 에러 메시지를 참고하여 수정한다.

② 업로드 버튼 : 

업로드 버튼은 작성한 스케치를 아두이노 보드로 보내는 기능이다. 이 과정에서도 컴파일이 되므로 일반적으로 컴파일 버튼을 사용할 필요는 없으나 프로그램의 검증 차원에서는 컴파일을 수행한다.

③ 시리얼 모니터 버튼 : 

시리얼 모니터 버튼은 아두이노 보드에서 일어나는 일을 텍스트로 볼 수 있는 기능이다. 아두이노 보드에 연결한 센서의 정보를 시리얼 모니터에서 확인할 수 있다. 스케치 프로그램은 하나의 예제를 실행시키는 데 10초 이상 걸리므로 마우스를 클릭했을 때 바로 나타나지 않는다고 여러 번 클릭하지 않는 것이 좋다.

ㅁ 스케치 설정

① 아두이노 보드 선택

그림 7.8은 개발용 PC와 접속되어 있는 아두이노 보드를 선택하는 상태이다. 풀다운 메뉴에서 툴 탭을 선택한 후에 마우스를 이동시켜 아두이노 보드 매니저 창에서 '아두이노 우노'를 선택하면 개발용 PC와 아두이노 우노 보드의 환경으로 설정된다. 아두이노 보드의 종류는 표 7.1에 사양을 나타내고 있으므로 아두이노 보드의 설정 시에 참고하기 바란다.

② 개발용 PC와 아두이노 보드 연결

그림 7.9는 개발용 PC의 시리얼 포트(COM 포트)에 USB 케이블을 사용하여 아두이노 보드와 연결하는 상태이다. 풀다운 메뉴에서 툴 탭을 선택하고 마우스를 이동시키면 시리얼 포트의 창이 나타난다. 시리얼 포트의 창을 선택하면 개발용 PC에 설치되어 있는 COM1에서부터 여러 COM 포트가 나타나므로 아두이노 보드와 접속된 COM 단자를 선택하면 개발용 PC와 아두이노 보드는 USB 케이블을 통하여 신호를 주고받을 수 있다.

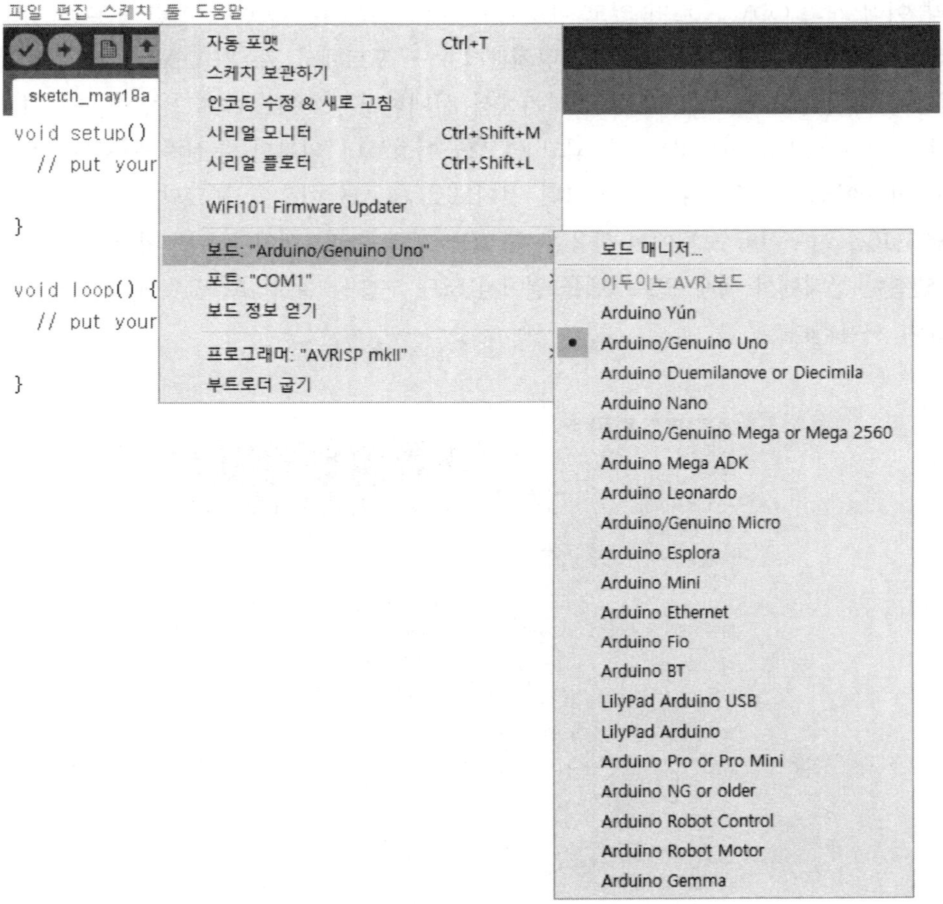

그림 7.8 아두이노 보드 선택

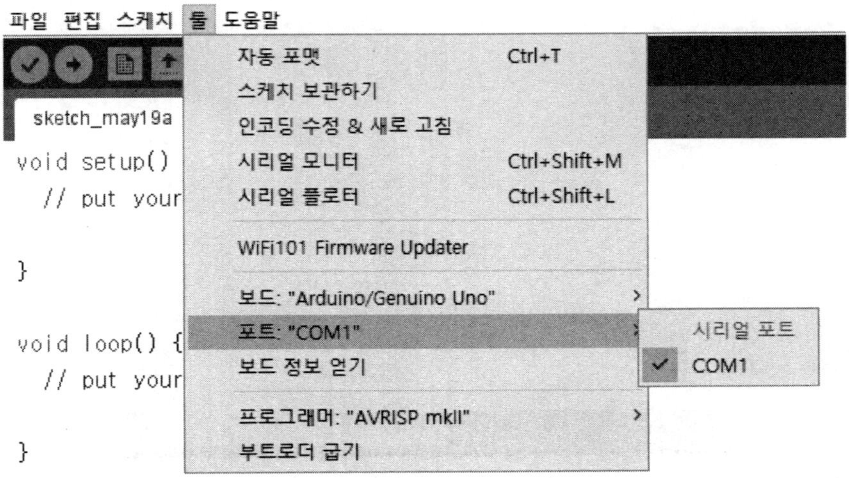

그림 7.9 개발용 PC와 아두이노 보드 연결

만약 여러 개의 COM 포트가 있고 아두이노 보드가 연결된 COM 포트를 모르는 경우에는 컴퓨터의 제어판을 열어 컴퓨터관리 → 장치관리자 → 포트에서 포트가 COM 몇 번으로 선택되어 있는지 확인한 후에 그 포트를 스케치에서 선택한다. COM1, COM2는 컴퓨터 내부에서 통신하는 포트이므로 선택하면 안 되고 COM3 이상부터 외부와 통신하는 포트 번호이다. 따라서 아두이노 보드는 외부로 연결된 것이므로 COM3 이후의 포트와 연결한다.

그림 7.10은 아두이노 보드에서 사용할 수 있는 예제 프로그램이다. 아두이노 보드는 개발용 PC와 연결한 상태에서 예제 프로그램을 열어서 코딩 연습을 실시하고 필요에 따라서는 이것을 편집하여 사용한다.

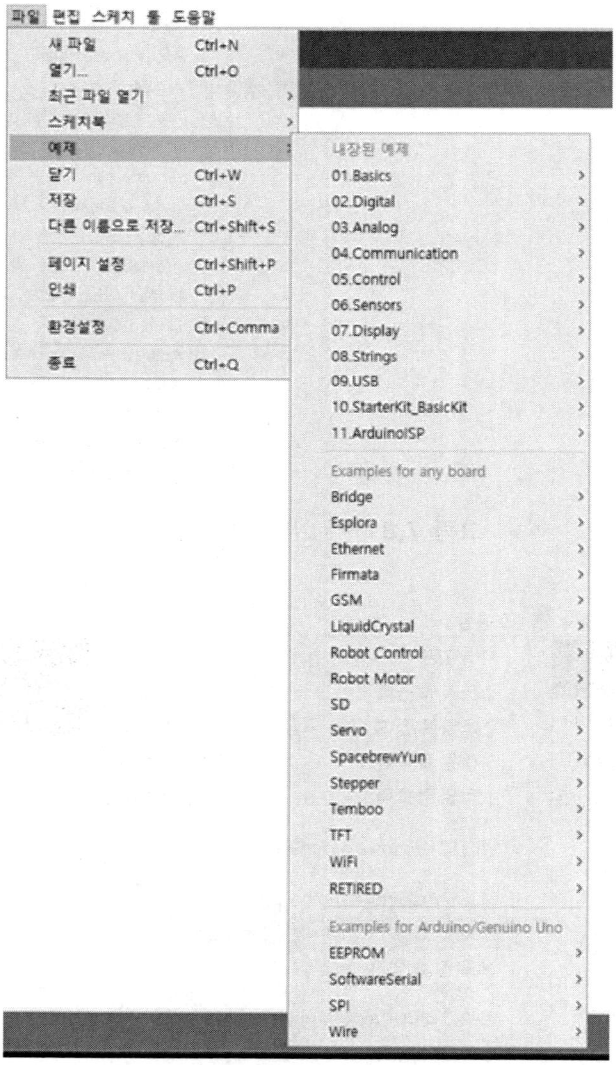

그림 7.10 예제 프로그램

그림 7.11은 아두이노 IDE에서 작성된 프로그램을 아두이노 보드로 업로드할 수 있는 상태이다. 풀다운 메뉴에서 스케치를 선택하고 업로드(CTRL+U)를 선택하면 프로그램이 컴파일되면서 에러가 없으면 아두이노 보드로 전송된다.

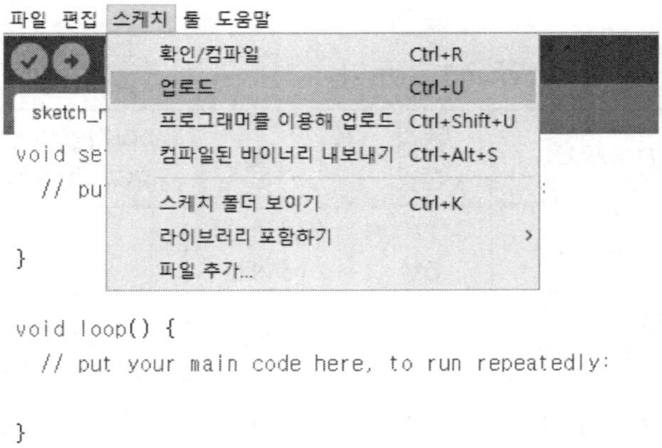

그림 7.11 프로그램 업로드

7.1.3 아두이노의 종류와 구성

그림 7.12는 장난감, 제품 및 기계에 이르기까지 하드웨어를 구성하고 있는 부품을 조립하고 센서의 신호를 입력으로 받아서 모터 등과 같은 구동부를 제어하는 기능을 가진 제어장치인 아두이노 보드이다. 하드웨어 자체만으로는 목적으로 하는 기능을 발휘할 수 없으므로 센서 정보로 상황을 인식하고 판단하여 목적을 수행할 수 있는 명령 신호인 출력을 내보내는 프로그램의 작성이 필요한데, 이를 소프트웨어라 한다. 소프트웨어 기술은 하드웨어의 기능을 최대로 향상시킬 수 있으므로 이들이 융합된 제품은 부가가치를 창출할 수 있다.

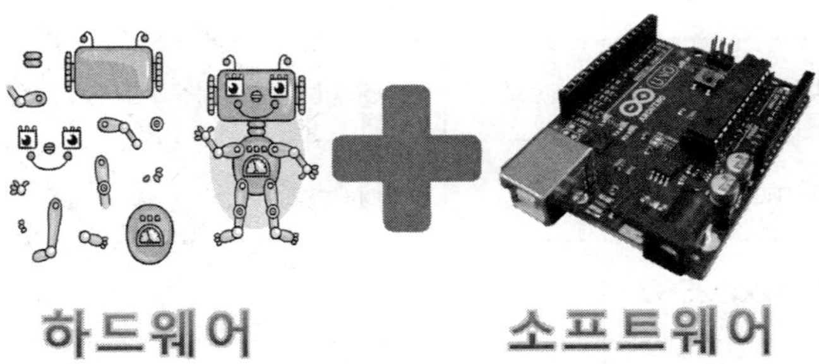

그림 7.12 하드웨어와 소프트웨어 융합

아두이노는 2005년 이탈리아에서 개발을 시작하였다. 초기의 아두이노 보드는 RS-232와 UART(Universal asynchronous receiver/transmitter, 범용 비동기화 송수신기)을 결합한 통신을 사용하였으며, 개인용 컴퓨터의 직렬포트(COM) 퇴조로 USB을 UART 방식으로 바꾸는 방식을 사용하고 있다.

표 7.1 아두이노 보드의 사양

보드	프로세서	동작 전압	클록	디지털/아날로그/PWM/UART포트수	플래시 메모리
Arduino Pro Mini	ATmega168	3.3V or 5V	8MHz or 16MHz	14/6/6/1	16Kb
LilyPad Arduino	ATmega168V/ ATmega328V	2.7 - 5.5V	8MHz	14//6/6/1	16Kb
Arduino Uno	ATmega328	5V	16MHz	14/6/6/1	32Kb
Arduino Ethernet	ATmega328	5V	16MHz	14/6/4/1	32Kb
Arduino Mini	ATmega328	5V	16MHz	14/8/6/1	32Kb
Arduino Pro	ATmega328	3.3V or 5V	8MHz or 16MHz	14/6/6/1	16Kb
Arduino Fio	ATmega328P	3.3V	8MHz	14/8/6/1	32Kb
LilyPad Arduino USB	ATmega32u4	3.3V	8MHz	9/4/4/1	32Kb
Arduino Nano	ATmega32u4	5V	16MHz	14/8/6/1	32Kb
Arduino Leonardo	ATmega32U4	5V	16MHz	20/12/7/1	32Kb
Arduino Micro	ATmega32u4	5V	16MHz	20/12/7/1	32Kb
Arduino Mega 2560	ATmega2560	5V	16MHz	54/16/14/4	256Kb
Arduino Mega ADK	ATmega2560	5V	16MHz	54/16/14/4	256Kb
Arduino Due	AT91SAM3X8E (32bit ARM core)	3.3V	84MHz	54/12/12/4	512Kb

표 7.1은 아두이노 보드와 관련된 제품의 사양이다. 아두이노는 하드웨어를 설계한 후에 프로그램을 통해 독립적으로 작동할 수 있도록 만들어주는 통합개발환경인 오픈 소스를 기반으로 하여 많은 하드웨어와 예제가 커뮤니티를 통해 공유되는 장점을 가지고 있다.

그림 7.13과 그림 7.14는 아두이노 보드의 종류이다. 아두이노 보드의 선택은 제품의 설계 사양을 보고 선택한다. Arduino RS232는 RS-232 직렬인터페이스(왼쪽 위)와 Atmel ATmega8 마이크로 컨트롤러 칩(검은 색, 오른쪽 아래)이 있는 초기 Arduino 보드로서 14개의 디지털 I/O 핀이 상단에 있고 6개의 아날로그 입력 핀이 오른쪽 하단에 있으며 전원 커넥터가 왼쪽 하단에 있다.

그림 7.13 아두이노 보드의 종류 (1)

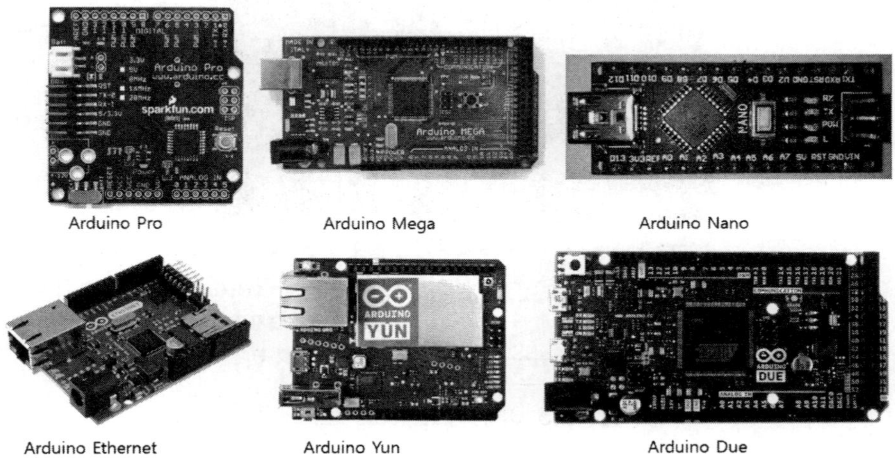

그림 7.14 아두이노 보드의 종류 (2)

Arduino Uno SMD R3은 UNO에서 발견된 8U2 대신 ATmega16U2를 사용하므로 전송 속도가 보다 빠르고 또한 더 많은 메모리를 사용할 수 있다.

Arduino 이더넷은 Arduino UNO가 이더넷 포트와 쌍을 이루며 사물인터넷(Internet of Things, IOT)을 실현하기 좋은 하드웨어이다. Arduino와 이더넷 쉴드를 사용하여 개발하는 경우 코드 변경 없이 보드에 이식할 수 있다.

Arduino Due는 Atmel SAM3X8E ARM Cortex-M3 CPU를 기반으로 32비트 ARM 코어 마이크로 컨트롤러를 기반으로 하는 최초의 Arduino 보드로서 54개의 디지털 입력/출력 핀과 12개의 아날로그 입력을 가지고 있다.

그림 7.15는 아두이노 우노의 기본 구성을 나타낸다. 왼쪽 상단에서 시계방향으로 리셋버튼, 접지(GND), 디지털 입출력 핀(2번 ~ 13번), 송신(TX, 1번), 수신(RX, 0번), ATmega328 마이크로컨트롤러, 아날로그 입력핀(A0 ~ A5), 입력전압핀, 접지(GND), 5 [V] 출력핀, 3.3 [V] 출력핀, 리셋핀, 외부전원 소켓 및 USB 소켓으로 구성되어 있다. USB 소켓은 전원을 연결하는 부분으로서 아두이노 보드의 USB포트에 USB케이블을 끼워서 개발용 PC와 연결한다. 디지털 입출력 포트는 0번 ~ 13번까지, 아날로그 입력포트는 A0 ~ A5까지이며 검은색의 핀 구멍에 전선을 끼워서 스위치, 센서 및 모터 포트와 연결한다.

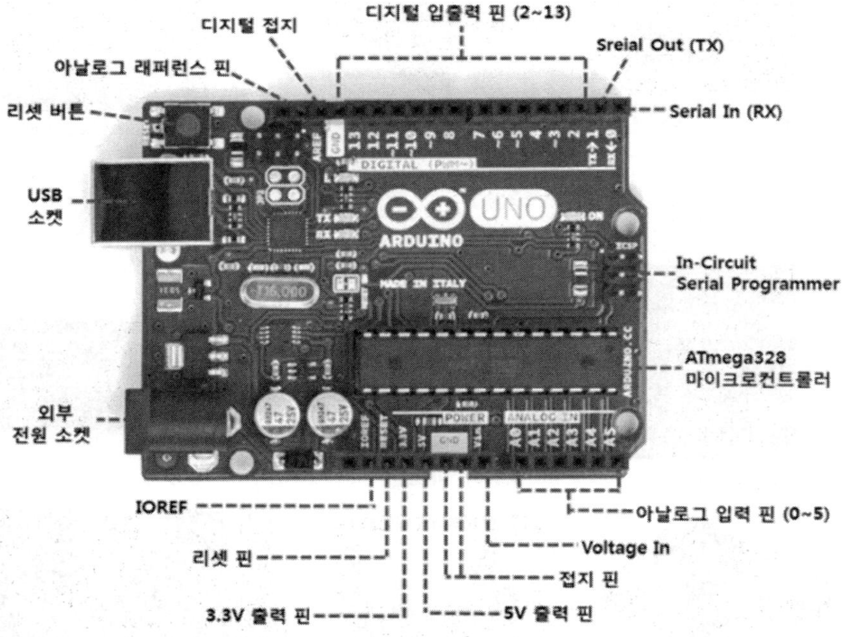

그림 7.15 아두이노 우노 보드 구성

그림 7.16은 아두이노 우노와 개발용 PC를 연결하기 위하여 USB 케이블을 사용한 상태이다. USB 케이블을 딸깍 소리가 날 때까지 아두이노 우노의 USB 소켓에 끼우고 USB 전원 케이블의 반대쪽은 컴퓨터의 USB 포트에 끼운다. 아두이노 우노 보드의 ON 옆에 빨간불이 들어오는지 확인하고 L(빨간 사각형 표시) 옆에는 빨간불이 깜빡여야 한다.

개발용PC

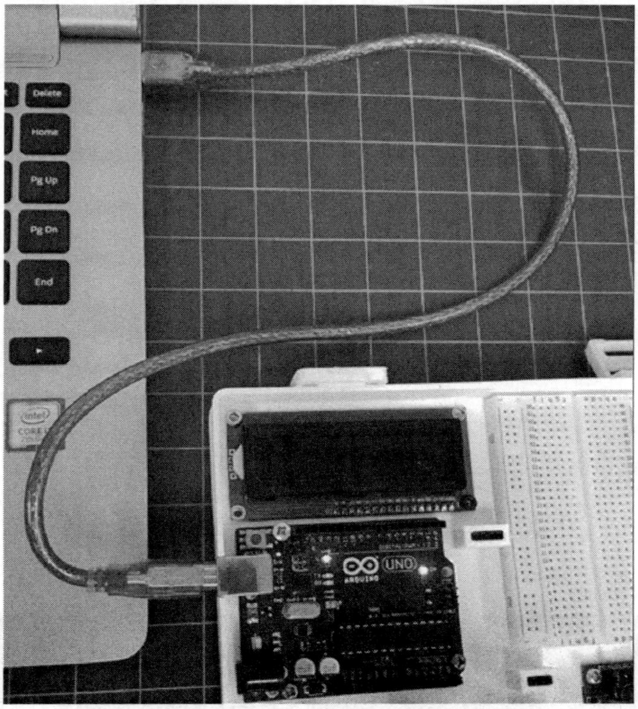

아두이노 우노

그림 7.16 아두이노 보드와 개발용 PC 연결

7.2 아두이노 보드와 파이썬 통신

7.2.1 serial 및 matplotlib 모듈 확인

그림 7.17은 serial과 matplotlib 모듈이 설치된 상태이다. serial은 시리얼 통신을 위한 모듈이고 matplotlib는 그래프를 그리기 위한 모듈이다. 파이썬의 최신 버전을 설치하면 컴퓨터와 통신이 가능한 serial 모듈이 설치되어 있다. 아두이노 보드와 연결되어 있는 센서의 정보를 수신하여 실시간으로 그래프를 그리기 위해서는 matplotlib 모듈을 사용하면 편리하다. matplotlib 모듈 설치는 명령 프롬프트에서 다음의 명령어로 설치한다.

```
c:₩USERS₩박정규>pip install matplotlib
```

확장 패키지의 설치가 완료되면 설치된 상태를 확인하기 위하여 다음과 같은 명령어를 실행하여 확인한다.

```
>>> help('modules')
```

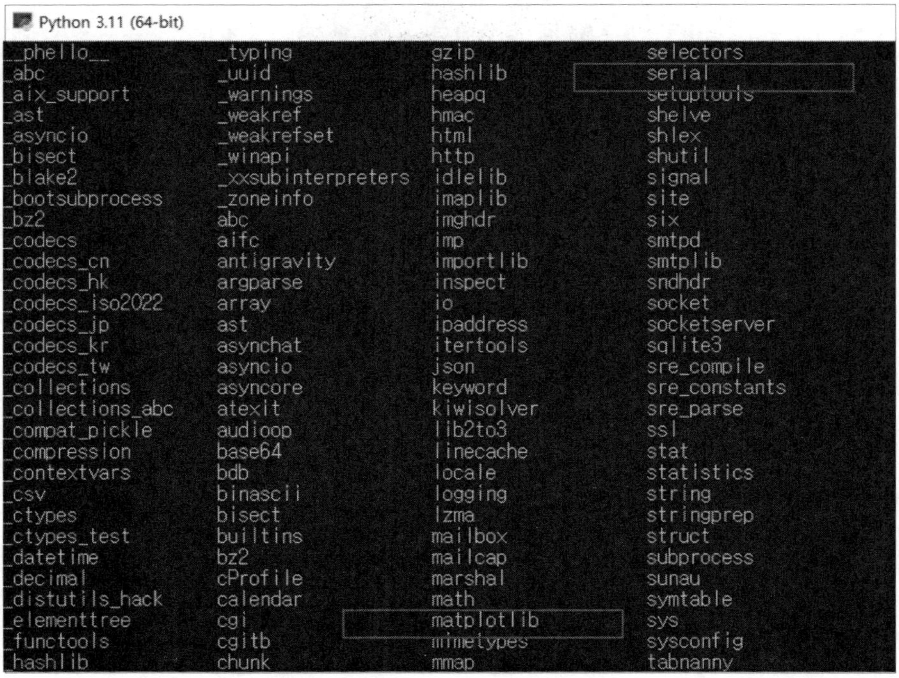

그림 7.17 serial과 matplotlib 설치 확인 : help('modules')

7.2.2 문자열 시리얼 통신

그림 7.18은 파이썬을 사용하여 아두이노에 문자열 데이터를 송신하고 수신하는 개념도이다. 파이썬에서 문자열 데이터를 컴퓨터로 보내면 컴퓨터에서는 시리얼 통신으로 아두이노에 데이터를 송신한다. 아두이노는 컴퓨터에서 보낸 데이터를 읽고 동일한 데이터를 시리얼 통신으로 컴퓨터에 송신한다. 파이썬은 컴퓨터에서 보낸 데이터를 읽고 다음 작업을 실행한다.

그림 7.18 아두이노와 파이썬의 문자열 통신

[예제 7.1] 파이썬에서 입력한 문자열을 아두이노 보드로 송신하고 아두이노 보드에서 읽어들인 문자열을 다시 시리얼 통신으로 송신하면 파이썬에서 문자열을 읽어서 그 값을 화면에 출력하는 프로그램을 작성하라. 단, 영문은 그대로 출력하고 한글은 ascii 코드로 변환한다.

<아두이노 프로그램>

```
void setup(){
        Serial.begin(9600);
}
void loop(){
//시리얼 포트에 읽을 데이터가 있다면...
if(Serial.available()){
//시리얼 포트에서 읽어온 데이터를 다시 시리얼 포트로 출력
        Serial.write(Serial.read());
        }
}
```

<파이썬 프로그램>

```
print('++ 아두이노와 시리얼 통신 ++')
print('-' * 30)
import serial
import time
# port : arduino ide에서 확인한 시리얼 포트
# baudrate : 아두이노의 setup함수에서 serial.begin에서 설정된 값
arduino = serial.Serial(port = "COM3", baudrate = 9600)
# 1초 대기
time.sleep(1)
# 파이썬에서 문자열 입력
data=input('문자열 입력:')
# 영문은 바이트 그대로, 한글은 ascii코드로 변환
arduino.write(data.encode(encoding='ascii',errors="backslashreplace"))
# 1초 대기
time.sleep(1)
#아두이노에서 송신한 데이터 읽기
data = arduino.read_all()
print(data)
arduino.close()
```

그림 7.19는 시리얼 통신으로 문자열 데이터를 주고받을 수 있는 아두이노와 파이썬 프로그램이다. 파이썬에서 입력한 문자열 데이터는 컴퓨터를 통하여 시리얼 통신으로 아두이노 보드에 보내면 아두이노 보드에서는 시리얼 통신 포트에 있는 문자열 데이터를 읽고 그 값을 쓰기로 컴퓨터에 송신한다. 파이썬에서는 아두이노 보드에서 송신한 문자열을 수신하여 화면에 출력한다.

그림 7.19 아두이노와 파이썬 프로그램

그림 7.20은 파이썬에서 입력한 문자열 데이터("test문자열")를 아두이노에 송신하고 아두이노에서 수신하여 읽어들인 데이터를 다시 아두이노에서 쓰기로 파이썬으로 보내면 파이썬에서는 수신한 값을 읽어서 화면에 출력한 실행 결과이다. 파이썬에서 아두이노로 문자열을 입력하면 시리얼 통신에서 영문은 그대로 한글은 ascii 코드로 변환하여 인코딩하도록 설정하였으므로 파이썬에서 화면에 출력하는 값은 영문은 그대로 입력한 한글은 ascii 코드로 변환된 것을 확인할 수 있다. 영문 앞에 있는 b는 바이트를 의미한다.

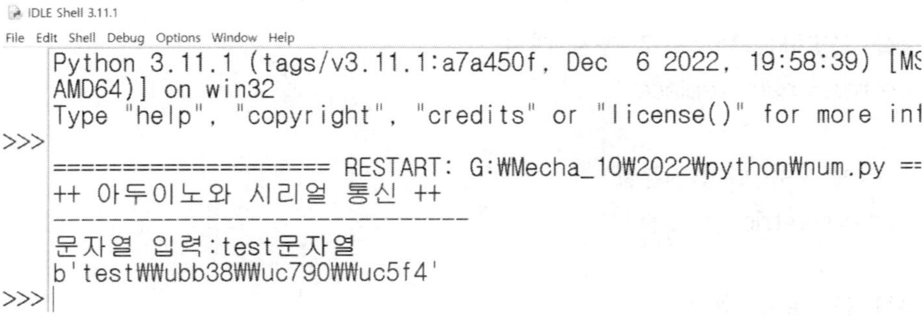

그림 7.20 시리얼 통신 실행 결과

□ encode() 함수

encode() 함수는 문자열을 바이트 코드인 utf-8, euc-kr, ascii 형식의 지정된 byte 코드로 변환하는 기능을 가지고 있으며, 문자열을 숫자로 바꾸는 형식이다. 문자열 인코딩은 다음과 같은 형식을 사용한다.

```
string.encode(encoding=encoding, errors=errors)
```

여기서, 매개변수 encoding=encoding은 인코딩 방식을 지정하며 기본값은 utf-8이고 ascii 코드는 다음과 같이 지정한다.

```
string.encode(encoding="ascii", errors=errors)
```

매개변수 errors=errors는 error 메소드를 지정하는 문자열로, 다음과 같은 기능을 가진다.

① 인코딩할 수 없는 문자 대신 백슬래시 사용

```
errors='backslashreplace'
```

② 인코딩할 수 없는 문자 무시

```
errors='ignore'
```

③ 문자를 설명하는 텍스트로 문자 대체

```
errors='namereplace'
```

④ 실패 시에 오류 발생(기본값)

```
errors='strict'
```

⑤ 문자를 물음표로 대체

```
errors='replace'
```

⑥ 문자를 xml 문자로 대체

```
errors='xmlcharrefreplace'
```

[예제 7.2] 문자열 "파이썬 python.com"을 encode() 함수를 사용하여 인코딩 형식과 에러 메소드를 지정하여 출력하는 프로그램을 작성하라.

<프로그램>

```
print('++ encode() 함수 ++')
print('-' * 30)
string = "파이썬 python.com"
print('파이썬 python.com')
print('매개변수 생략')
print(string.encode())
print('형식지정,utf-8')
print(string.encode(errors="backslashreplace"))
print('형식지정,euc-kr')
print(string.encode(encoding="euc-kr",errors="backslashreplace"))
print('형식지정,ascii')
print(string.encode(encoding="ascii",errors="backslashreplace"))
print('형식지정,ascii, ignore')
print(string.encode(encoding="ascii",errors="ignore"))
print('형식지정,ascii, namereplace')
print(string.encode(encoding="ascii",errors="namereplace"))
```

그림 7.21은 문자열을 인코딩 형식과 에러 메소드를 지정하여 변환하는 프로그램의 실행 결과이다. 파이썬이라는 문자열은 utf-8, euc-kr, ascii 코드의 숫자로 변환된 것을 확인할 수 있다.

그림 7.21 encode() 함수 사용 사례

□ decode() 함수

decode() 함수는 파이썬의 인코딩과 반대 역할의 기능을 가지고 있으며 utf-8, euc-kr, ascii 형식의 byte 코드를 문자열로 변환한다.

[예제 7.3] 문자열 "파이썬"의 utf-8, euc-kr, ascii 코드의 숫자를 decode() 함수를 사용하여 인코딩 형식을 지정하여 문자열로 변환하는 프로그램을 작성하라.

<프로그램>

```
print('++ decode() 함수 ++')
print('-' * 30)
string = b"₩xed₩x8c₩x8c₩xec₩x9d₩xb4₩xec₩x8d₩xac"
print(b"₩xed₩x8c₩x8c₩xec₩x9d₩xb4₩xec₩x8d₩xac")
print('매개변수 생략')
print(string.decode())
print('형식지정,utf-8')
print(string.decode(errors="backslashreplace"))
print('형식지정,euc-kr')
string = b"₩xc6₩xc4₩xc0₩xcc₩xbd₩xe3"
print(b"₩xc6₩xc4₩xc0₩xcc₩xbd₩xe3")
print(string.decode("euc-kr",errors="backslashreplace"))
print('형식지정,ascii')
string =b"₩ud30c₩uc774₩uc36c"
print("₩ud30c₩uc774₩uc36c")
print(string.decode("ascii",errors="backslashreplace"))
```

그림 7.22는 파이썬에 해당하는 utf-8, euc-kr, ascii 코드의 숫자를 decode() 함수를 사용하여 문자열로 변환하는 프로그램의 실행 결과를 나타낸다.

그림 7.22 decode() 함수 사용 사례

[예제 7.4] 파이썬에서 a를 입력하면 "아두이노=>파이썬 :a"를 출력하고 b를 입력하면 "아두이노=>파이썬 :b"를 출력하는 아두이노와 파이썬 프로그램을 작성하라.

<아두이노 프로그램>

```
char cha;
void setup() {
// put your setup code here, to run once:
        Serial.begin(9600);
}
void loop() {
// 한줄씩 읽어와서 cha 변수에 입력
        if(Serial.available()){
                cha = Serial.read();
                if(cha=='a'){
                        Serial.println("아두이노=>파이썬: a");
                        delay(100);
                }else if(cha=='b'){
                        Serial.println("아두이노=>파이썬: b");
                        delay(100);
                }
        }
}
```

<파이썬 프로그램>

```
print('++ 아두이노와 시리얼 통신 ++')
print('-' * 30)
import serial
import time
# port : arduino ide에서 확인한 시리얼 포트
# baudrate : 아두이노의 setup함수에서 설정된 값
arduino = serial.Serial(port = "COM3", baudrate = 9600)
print('명령은 a 또는 b')
while True:
        commend = input('아두이노에게 내릴 명령:')
        arduino.write(commend.encode())
        time.sleep(0.1)
        if arduino.readable():
                # 한 줄 읽기(BYTE 단위로 받은 상태)
                response = arduino.readline()
                # 디코딩 후, 출력 (₩n을 없애는 슬라이싱)
                print(response[:len(response)-2].decode())
arduino.close()
```

그림 7.23은 파이썬에서 문자를 입력하면 시리얼 통신으로 아두이노에 송신하여 a와 b를 판단하고 그 결과에 따라서 다른 문장을 파이썬으로 송신하는 아두이노와 파이썬 프로그램이다. 아두이노에서 a로 판단하면 아두이노=>파이썬 :a를 송신하고 b로 판단하면 아두이노=>파이썬 :b를 송신하도록 프로그램을 작성하였다.

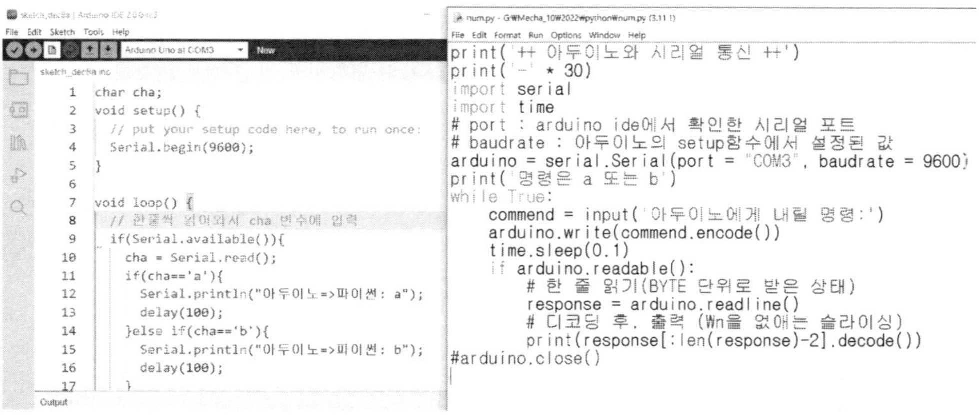

그림 7.23 아두이노와 파이썬 프로그램

그림 7.24는 파이썬에서 a를 입력하면 아두이노에서 아두이노=〉파이썬 :a를 송신하고 파이썬에서는 한 줄 읽어 화면에 출력하고 b를 입력하면 아두이노=〉파이썬 :b를 읽어 화면에 출력하는 것이다.

그림 7.24 프로그램 실행 결과

7.3 파이썬과 아두이노 IDE로 LED 제어

7.3.1 LED 점등 제어

□ 목표

아두이노 보드에 LED 점등 제어를 할 수 있는 전기회로를 구축하고 아두이노 IDE 및 파이썬으로 LED 점등과 소등을 제어하는 프로그램을 작성하라.

□ 준비물

그림 7.25는 LED 점등 제어를 위한 준비물을 나타낸다. 아두이노 우노 1개, LED 1개, 저항(330 [Ω]) 1개, 점퍼선 다수 및 브레드 보드 1개를 준비하고 전기회로를 구성한다.

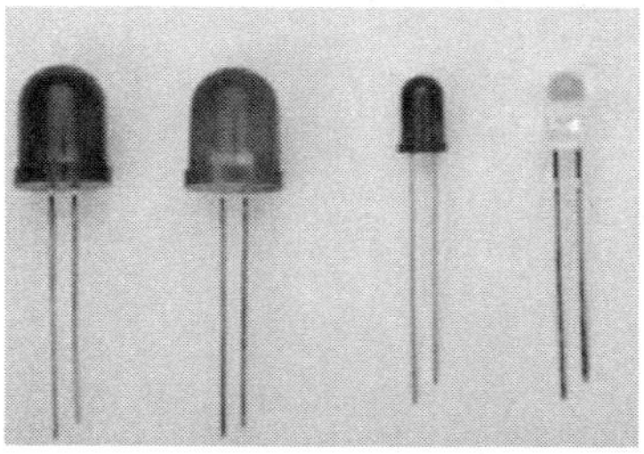

(a) LED

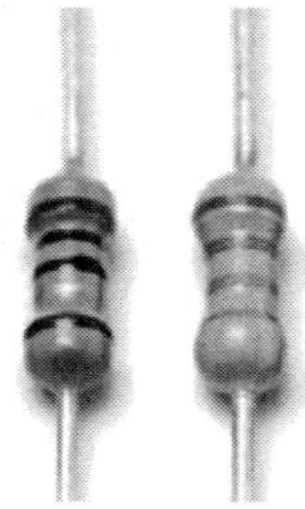

(b) 저항

(c) 점퍼선

(d) 브레드보드

그림 7.25 LED 점등 제어 준비물

표 7.2는 LED의 색상별 정격전압과 정격전류이다. LED는 다이오드의 일종으로 정격전압이 대략 2 [V]에서 3 [V] 정도이고 발광색상에 따라 정격전압이 각각 다르나 평균 2.5 [V] 정도에서 작동한다. 순수한 조명 목적이 아니라면 적당한 저항값의 저항기를 직렬로 연결하여 전압을 맞추어 줄 수 있고 최고 허용전압보다는 다소 낮은 전압을 공급하는 것이 수명연장에 유리하다.

표 7.2 LED의 정격전압과 전류

구분		최소 전압 [V]	최대 전압 [V]	전류(일반) [mA]	전류(최대) [mA]
Red		1.8	2.3	20	50
Orange		2.0	2.3	30	50
Real Yellow		2.0	2.8	20	50
Emerald Green		1.8	23	20	50
Real Green		3.0	3.6	20	50
Sky Blue		3.4	3.8	20	50
Real Blue		3.4	3.8	20	50
Pink		3.4	3.8	20	50
White		3.4	4.0	20	50

▢ 저항값 결정

표 7.2에서 빨간색의 LED를 사용한다면 LED의 정격전압 2 [V], 허용전류 20 [mA]이고 회로에 5 [V]의 전압을 입력하는 경우에 사용할 저항의 값을 구해보자. 저항값은 옴의 법칙을 활용한다.

■ 옴의 법칙

$$\text{전류}(I) = \frac{\text{전압}(V)}{\text{저항}(R)}$$

■ LED의 자체 저항을 무시할 경우

$$\text{자체저항무시}(R1) = \frac{\text{전압}(V)}{\text{전류}(I)} = \frac{5}{0.02} = 250\,[\Omega]$$

■ **LED의 자체 저항(R2)을 고려할 경우**

$$\text{자체 저항}(R2) = \frac{\text{전압}(V)}{\text{전류}(I)} = \frac{2}{0.02} = 100\,[\Omega]$$

■ **회로에 사용할 저항값은 다음 식으로 구한다.**

$$\text{저항}(R) = R1 - R2 = 250 - 100 = 150\,[\Omega]$$

LED에 사용할 저항값은 계산치의 근사값으로 결정한다.

□ 전기회로 구성

그림 7.26은 LED 점등 제어를 위한 전기회로도이며 전기배선은 다음의 순서로 실시한다.

① USB 전원 케이블의 한쪽은 아두이노 보드에, 다른 한쪽은 컴퓨터의 USB 포트에 접속한다.

② 브레드 보드에 저항과 LED를 끼운다. LED는 다리가 긴 쪽이 + 극을 가지고 있으므로 전원부(+5V)는 다리가 긴 쪽으로 접속한다.

③ 아두이노 보드의 13번 핀에 빨간색 점퍼선을 끼우고 다른 한쪽은 저항이 연결된 브레드 보드에 끼운다.

④ LED의 다리가 짧은 쪽(- 극)의 구멍이 있는 줄에 검정색 점퍼선을 끼우고 반대편 쪽은 아두이노 보드의 GND 핀에 끼운다.

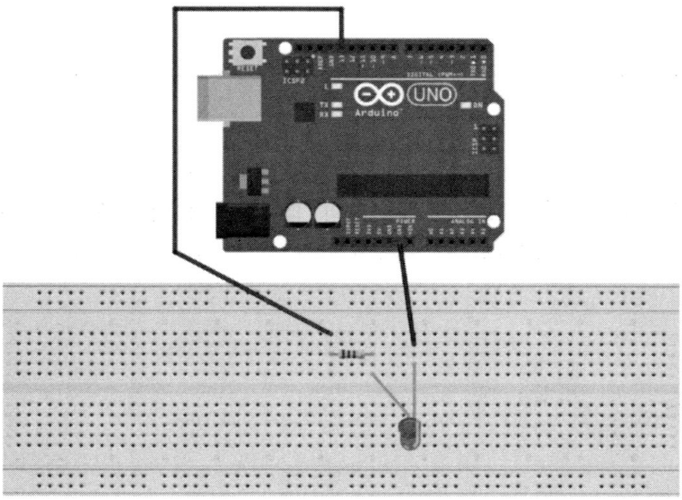

그림 7.26 LED 점등 전기회로

☐ 아두이노 IDE에 의한 LED 점등 제어 프로그램

[예제 7.5] 그림 7.26의 LED 점등 전기회로를 사용하여 아두이노 IDE 프로그램으로 1초 단위로 점등과 소등을 반복하는 프로그램을 작성하라.

<아두이노 프로그램>

```
void setup(){
        pinMode(13, OUTPUT);
}
void loop(){
        digitalWrite(13, HIGH);
        delay(1000);
        digitalWrite(13, LOW);
        delay(1000);
}
```

그림 7.27은 LED를 1초 간격으로 점등과 소등을 반복하는 아두이노 IDE로 작성한 LED제어 프로그램이다. 아두이노 IDE 프로그램에서 setup(){...}은 아두이노 보드를 설정하는 공간이며, pinMode(13, OUTPUT)는 13번 핀을 출력 핀으로 사용한다는 설정이다.

loop(){...}는 무한 반복하는 루프이고 digialWrite(13, HIGH)는 13번 핀에 1 신호를 출력하는 명령이고 delay(1000)는 1000 [ms]=1[s] 동안 기다리라는 명령이다. 여기서, HIGH는 1(ON), LOW는 0(OFF)의 신호를 가진다.

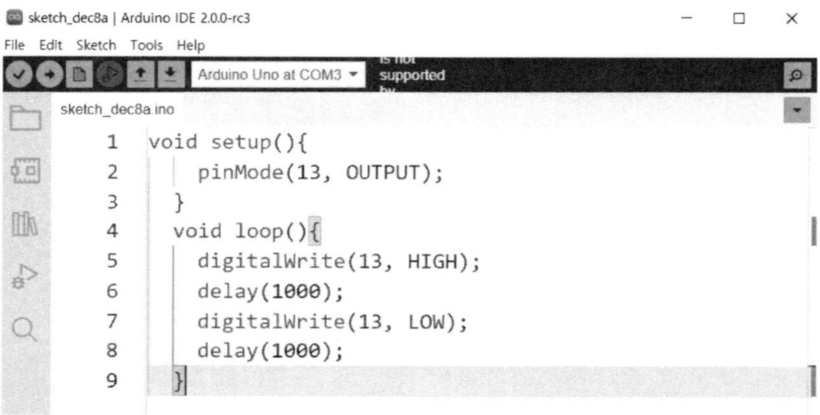

그림 7.27 LED 제어 아두이노 IDE 프로그램

그림 7.28은 LED 점등 제어를 위한 전기회로를 구축하고 1초 단위로 점등과 소등을 반복하는 프로그램을 작성하고 실행한 결과이다. LED 점등 제어를 위한 아두이노 프로그램 작성이 완료되었으면 아두이노 IDE의 풀다운 메뉴에서 스케치 → 업로드 또는 업로드 아이콘을 선택하면 프로그램을 컴파일하고 아두이노 보드로 업로드된다. 프로그램 업로드 완료의 메시지가 나타난 후에 LED가 점등되고 1초 후에 소등되면 다시 1초 후에 점등과 소등을 반복한다.

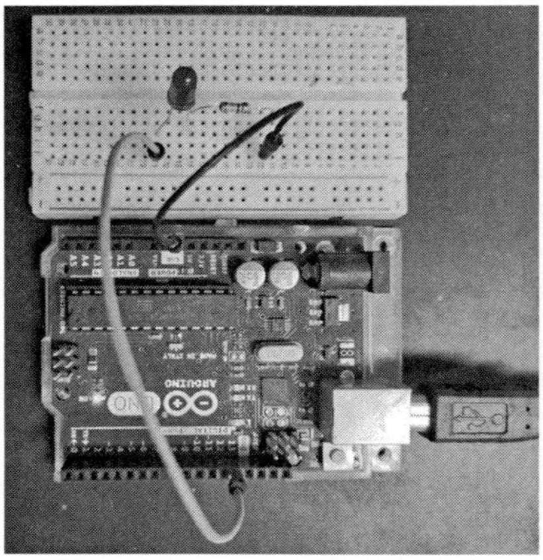

(a) LED OFF

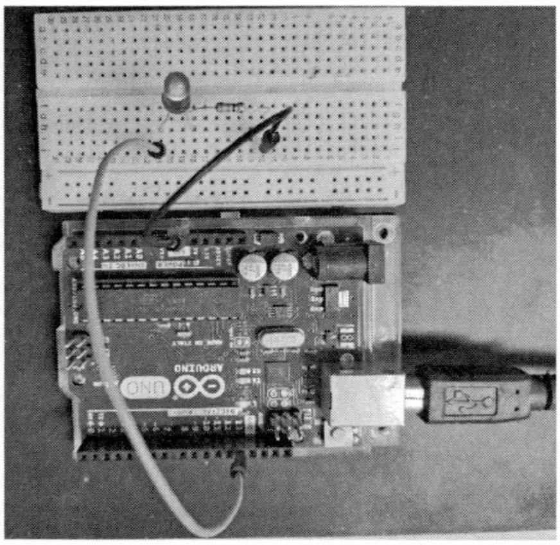

(b) LED ON

그림 7.28 LED 점등 제어 : 1초 간격

▢ 파이썬에 의한 LED 점등 제어 프로그램

[예제 7.6] 그림 7.26의 LED 점등 전기회로를 사용하여 파이썬에서 1을 입력하면 LED ON, 0을 입력하면 LED OFF를 수동 제어하도록 시리얼 통신 기능을 활용하여 아두이노 보드에 연결된 LED 점등 전기회로를 제어하는 프로그램을 작성하라.

<아두이노 프로그램>

```
int data;
void setup() {
// put your setup code here, to run once:
        Serial.begin(9600);
        pinMode(13,OUTPUT);
        digitalWrite(13,LOW);
}
void loop() {
// put your main code here, to run repeatedly:
        while (Serial.available()){
        data = Serial.read();
        }
        if (data == '1'){
                digitalWrite(13,HIGH);
        } else if (data == '0'){
                digitalWrite(13,LOW);
        }
}
```

아두이노 IDE 프로그램에서 setup() 함수는 {....} 안에 있는 명령어로 아두이노 보드를 설정하는 단계로서 Serial.begin(9600)은 통신속도를 설정하는 보드레이트이고, pinMode(13, OUTPUT)은 13번 핀을 출력으로, digitalWrite(13, LOW)는 13번 핀의 LED를 OFF로 설정하는 명령어이다.

loop() 함수는 {....} 안에 들어 있는 명령을 무한 반복하라는 뜻이고 while(조건식) 함수는 조건식 안에 있는 조건을 만족하는 동안 {....} 안에 있는 명령어를 실행한다. 조건식은 Serial.available()이므로 시리얼 통신으로 읽을 수 있는 것이 시리얼포트 안에 있는 동안 while() 문이 작동하여 data = Serial.read(); 시리얼 통신의 값을 읽어서 변수 data에 입력한다. 다음은 if(조건식){...} else if(조건식){...}으로서 if() 문은 조건식이 만족하면 {...} 안의 명령을 실행하고 만족하지 않으면 else if(조건식)의 명령을 수행한다. else if(조건식)에서 조건식을 만족하면 {...} 안의 명령어를 실행한다. 시리얼 통신으로 읽어들인 변수 data의 값이 1이면

digitalWrite(13,HIGH); 명령으로 LED ON, data의 값이 0이면 digitalWrite(13,LOW); 명령으로 LED OFF가 된다. 프로그램 작성이 완료되었으면 풀다운 메뉴의 스케치 →업로드 또는 업로드 아이콘을 선택하면 프로그램을 컴파일하고 아두이노 보드로 업로드된다.

<파이썬 프로그램>

```
print('++ LED 수동제어, 시리얼 통신 ++')
print('-' * 30)
import serial
import time
arduino = serial.Serial('COM3',9600)
time.sleep(1)
print(" 1 입력 LED ON, 0 입력 LED OFF")
while  True:      #True =1 실행
          var = input()
          if (var == '1'):
                    var = var.encode('utf-8')
                    arduino.write(var)
                    print("LED turned ON")
          if (var == '0'):
                    var = var.encode('utf-8')
                    arduino.write(var)
                    print("LED turned OFF")
```

그림 7.29는 LED 수동제어를 위한 아두이노 IDE 프로그램과 파이썬 프로그램이다. 파이썬을 실행하고 숫자 1을 입력하면 변수 var에 1이 입력되어 if() 문의 조건식에서 1을 만족하므로 아두이노 보드에 1을 시리얼 통신으로 보내고 LED ON으로 제어하고 0을 입력하면 if() 문의 조건식에서 0을 만족하므로 아두이노 보드에 0을 시리얼 통신으로 보내 LED OFF로 제어한다.

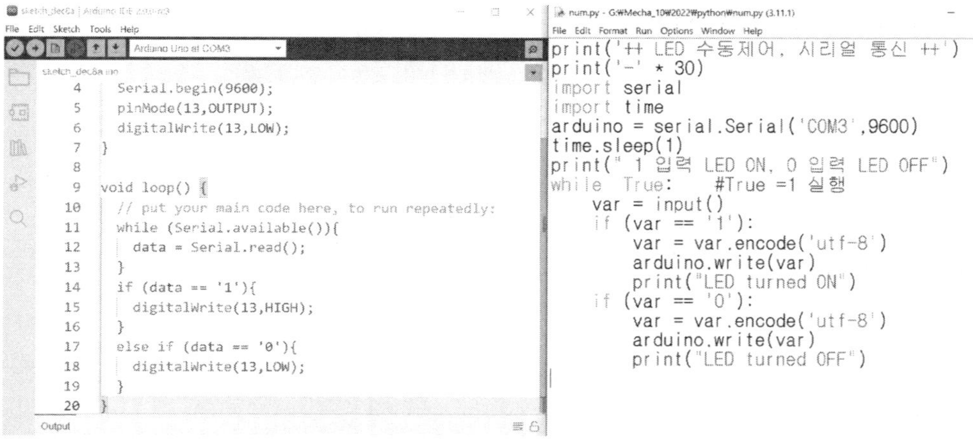

그림 7.29 아두이노 IDE와 파이썬 프로그램

그림 7.30은 파이썬에서 입력하는 숫자에 따라서 아두이노 보드에 연결되어 있는 LED가 점등과 소등을 수동으로 제어하는 프로그램의 실행 결과이다. 파이썬 프로그램을 실행시키고 1을 입력하면 LED turned ON, 0을 입력하면 LED turned OFF가 되는 것을 확인할 수 있다.

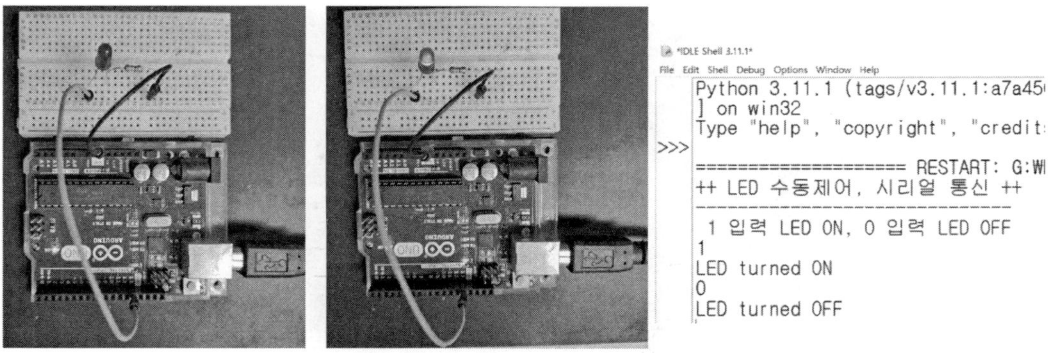

(a) LED OFF (b) LED ON (c) 파이썬 실행

그림 7.30 파이썬 실행과 LED 점등 제어

7.3.2 LED 3개 순차 제어

▢ 목표

아두이노 보드에 LED 3개를 순차적으로 점등과 소등 제어를 할 수 있는 전기회로를 구축하고 아두이노 IDE와 파이썬으로 LED 점등과 소등을 제어하는 프로그램을 작성하라.

▢ 준비물 및 전기회로 구성

준비물은 LED 3개(Red, Green, Blue), 저항 3개(330 [Ω]), 점퍼선 다수 및 브레드 보드 1개를 준비하고 그림 7.31과 같이 디지털 9번은 Blue LED, 10번은 Green LED, 11번은 Red LED를 연결하는 전기회로를 구성한다.

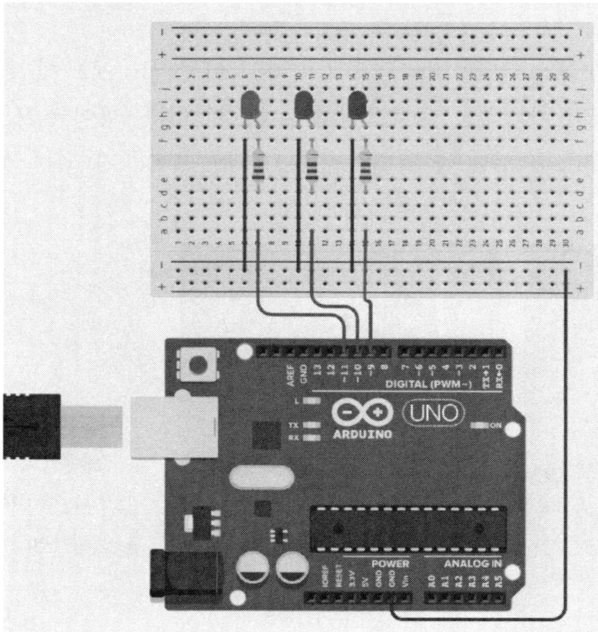

그림 7.31 전기회로도

▢ 아두이노 IDE에 의한 LED 3개 제어 프로그램

[예제 7.7] LED 3개를 제어하기 위한 그림 7.31의 전기회로를 사용하여 Blue, Green, Red LED 순서로 1초 간격으로 점등과 소등을 반복하는 아두이노 IDE 프로그램을 작성하라.

<아두이노 프로그램>

```
void setup() {
// put your setup code here, to run once:
        for(int i=0; i<3;i++){
                pinMode(9+i,OUTPUT);
        }
}
void loop() {
// put your main code here, to run repeatedly:
        for(int i=0; i<3;i++){
                digitalWrite(9+i,HIGH);
                delay(1000);
        }
        for(int i=0; i<3;i++){
                digitalWrite(9+i,LOW);
                delay(1000);
        }
}
```

그림 7.32는 LED 3개를 순차적으로 제어하기 위한 아두이노 IDE 프로그램이다. for(int i=0; i〈3;i++){ ...} 문은 변수 i를 0에서부터 1씩 증가시켜서 3보다 작을 때까지 {....} 안의 명령을 수행한다. pinMode(9+i,OUTPUT);는 LED를 아두이노 보드의 9번, 10번, 11번 핀에 연결하고 이를 출력 핀으로 사용한다는 설정이다. digitalWrite(9+i,HIGH);는 9번, 10번, 11번 핀에 1을 출력하여 LED를 ON시키는 동작이며 delay(1000);는 1초를 대기한다.

그림 7.33은 아두이노 IDE 프로그램을 아두이노 보드에 업로드하여 프로그램이 실행되고 있는 상태이다. LED는 1초 간격으로 Blue, Green, Red 순으로 ON이 되고 다시 OFF를 반복한다.

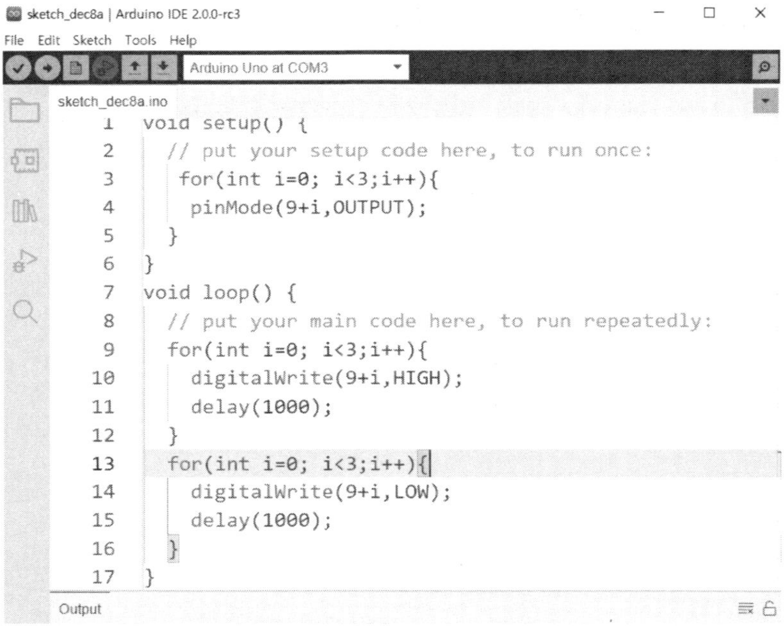

그림 7.32 아두이노 IDE 프로그램 : LED 3개

(a) Blue : ON (b) Blue, Green : ON (c) Blue, Green, Red : ON

그림 7.33 아두이노 IDE 프로그램 실행

▢ 파이썬에 의한 LED 3개 점등 제어 프로그램

[예제 7.8] 그림 7.31의 전기회로를 사용하여 Blue, Green, Red LED 순서로 1초 간격으로 점등과 소등하도록 파이썬과 시리얼 통신하는 수동제어 아두이노 IDE 프로그램을 작성하라. 단, 파이썬에서 1을 입력하면 LED는 순차적으로 점등하고 0을 입력하면 순차적으로 소등하는 예제 7.6의 파이썬 프로그램을 활용한다.

<아두이노 프로그램>

```
int data;
void setup() {
// put your setup code here, to run once:
        Serial.begin(9600);
        for(int i=0; i<3;i++){
                pinMode(9+i,OUTPUT);
        }
        for(int i=0; i<3;i++){
                digitalWrite(9+i,LOW);
        }
}
void loop() {
// put your main code here, to run repeatedly:
        while (Serial.available()){
                data = Serial.read();
        }
        if (data == '1'){
                for(int i=0; i<3;i++){
                        igitalWrite(9+i,HIGH);
                        delay(1000);
                }
        }
        else if (data == '0'){
                for(int i=0; i<3;i++){
                        digitalWrite(9+i,LOW);
                        delay(1000);
                }
        }
}
```

그림 7.34는 LED 3개를 순차적으로 제어하는 아두이노 IDE 프로그램과 예제 7.6에서 숫자를 입력하여 시리얼 통신으로 아두이노 보드를 제어하는 파이썬 프로그램이다. 아두이노 프로그램에서 Serial.begin(9600);는 통신속도를 설정하는 명령이고 while (Serial.available()){....}은 시리얼 통신 포트에 읽을 데이터의 유무를 확인하여 읽을 것이 있으면 {....} 안의 명령을 수행한다. data = Serial.read();는 시리얼 통신 포트의 데이터를 읽어서 변수 data에 입력한다. data의 값이 1이면 LED는 순차적으로 점등하고 0이면 소등한다.

그림 7.34 아두이노 IDE와 파이썬 프로그램

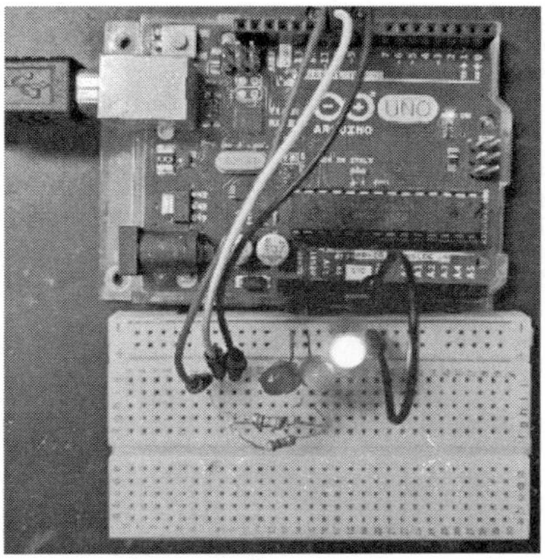

(a) Blue : ON

(b) Blue, Green : ON

(c) Blue, Green, Red : ON

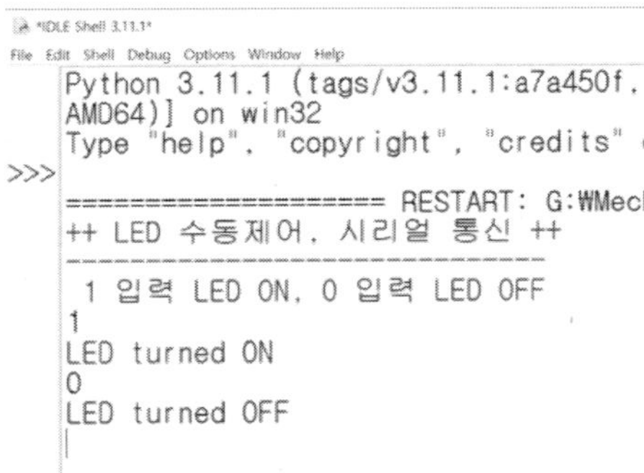

(d) 파이썬 실행

그림 7.35 파이썬 실행

그림 7.35는 파이썬 프로그램을 실행하여 LED을 순차적으로 점등하고 소등하는 수동제어 상태이다. 파이썬을 실행하고 "1을 입력 LED ON, 0을 입력 LED OFF"의 문장이 나타나고 커서는 숫자 입력을 기다린다. 1을 입력하면 LED는 Blue, Green, Red 순서로 점등하고 0을 입력하면 Blue, Green, Red 순서로 소등한다.

7.3.3 가변저항을 사용한 LED 밝기 제어

▢ 목표

가변저항기를 사용하여 LED의 밝기를 제어하는 전기회로를 구축하고 아두이노 IDE 및 파이썬 프로그램을 작성한다.

▢ 준비물 및 전기회로 구성

저항기(Resistor)는 저항의 성질을 가지는 회로소자이며, 저항기에서 소모되는 전력 P [W]은 다음과 같이 구할 수 있다.

$$P = VI = \frac{V^2}{R} = RI^2$$

여기서 V [V]는 전압, R [Ω]은 저항, I [A]는 전류이다. 저항기에 따라 최대 허용 전력이 다른 이유는 저항기에서 소모되는 전력이 열에너지로 전환되기 때문이다. 열에너지는 저항기의 온도를 상승시키는 요인으로, 저항기의 허용 온도를 초과하는 경우에는 저항기가 타게 된다. 가변저항(Potentiometer)은 사용자가 직접 저항값을 임의로 바꿀 수 있는 저항기를 의미하며, 통상적으로 소리의 크기를 조절하는 손잡이를 가변저항으로 사용한다.

그림 7.36은 가변저항기의 표시와 동작 방식을 나타내며, 사용하는 저항체의 종류에 따라 다양한 가변저항기가 있고 회전축을 중심으로 전극을 움직이거나 좌우로 전극을 움직이는 방식으로 저항값을 변화시킨다. 가변저항기는 1번 단자와 3번 단자 사이에 전체 저항이 연결되어 있으며 2번 단자와 연결된 스위퍼(Sweeper)의 위치에 따라서 저항값이 변한다. 가변저항의 노브를 돌리면 1번 단자와 2번 단자 사이의 저항, 2번 단자와 3번 단자 사이의 저항값이 각각의 길이에 비례하며, 스위퍼의 위치에 따라 2번과 3번의 저항값이 변하면 스위퍼에 연결된 2번 단자에 걸리는 전압도 같이 변한다.

(a) 가변저항기의 표시방식

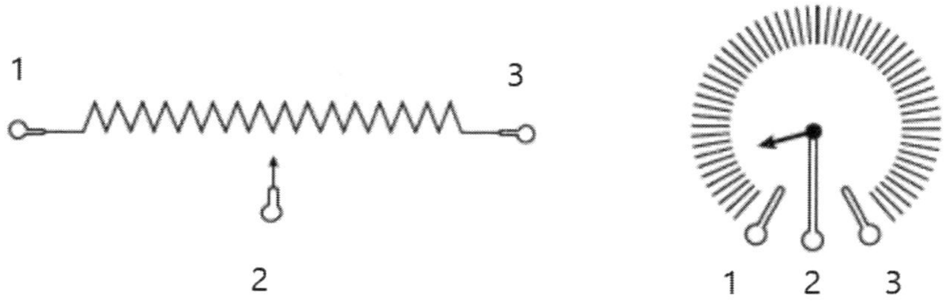

(b) 가변저항기의 동작방식

그림 7.36 가변저항기의 표시와 동작방식

그림 7.37은 LED의 밝기를 제어하기 위한 전기회로의 구성을 나타낸다. 아두이노 보드의 디지털 출력신호 3번 포트에 점퍼선을 연결하고 반대편은 가변저항기의 3번 단자에 연결한다. 가변저항기의 1번 단자와 아두이노 보드의 GND 포트는 브레드보드의 -(GND) 공통선에 연결한다. 가변저항기의 2번 단자는 LED의 다리가 긴 쪽(+) 단자에 연결하고 LED의 다리가 짧은 쪽(-)은 -(GND) 공통선에 연결한다.

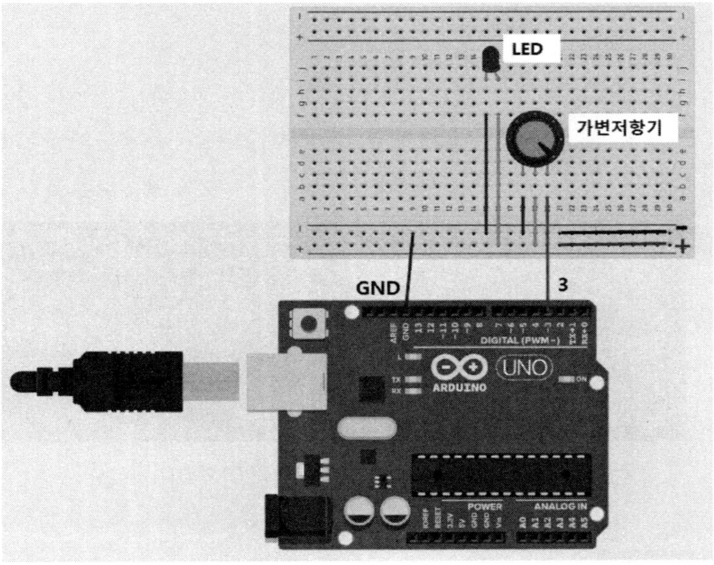

그림 7.37 전기회로 구성

▢ 아두이노 IDE에 의한 LED 밝기 제어

[예제 7.9] 가변저항기를 사용하는 그림 7.37의 전기회로를 사용하여 아두이노 IDE로 LED 밝기를 제어하는 프로그램을 작성하라.

<아두이노 프로그램>

```
void setup(){
        pinMode(3, OUTPUT);
}
void loop(){
        digitalWrite(3, HIGH);
}
```

그림 7.38은 가변저항을 사용하는 아두이노 IDE 프로그램이다. 가변저항기는 아날로그 신호를 만들 수 있으므로 아두이노 보드의 핀 번호에 ~표시가 있는 핀은 PWM(Pulse Width Modulation) 신호를 입출력할 수 있는 아날로그 핀이다. PWM 신호를 출력할 수 있는 ~3번 핀은 가변저항기의 신호를 입력으로 받아들여서 8비트(0~255) 신호로 출력한다.

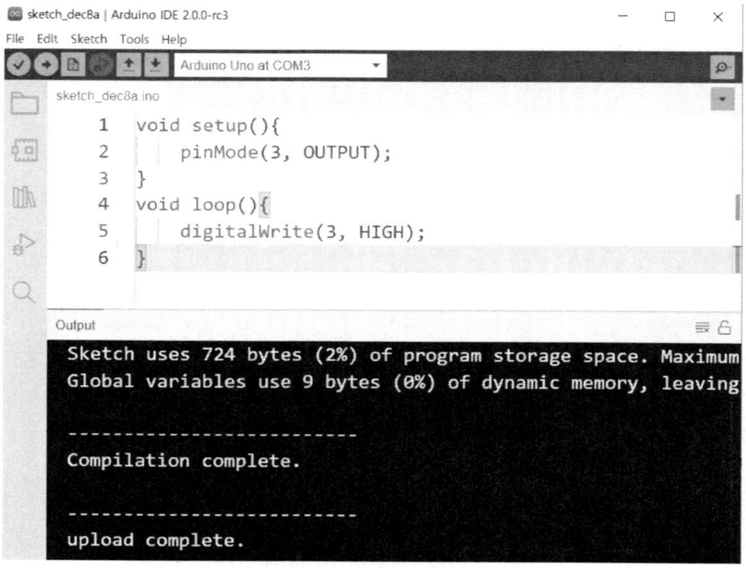

그림 7.38 가변저항을 사용하는 아두이노 IDE

그림 7.39는 가변저항으로 LED 밝기를 제어하는 아두이노 IDE 프로그램을 작성한 후에 업로드 아이콘을 사용하여 프로그램을 아두이노 보드로 업로드하여 프로그램을 실행한 상태이다. 가변저항의 저항값을 크게 하면 LED의 밝기는 점점 약해지고, 저항값을 작게 하면 LED의 밝기는 점점 밝아진다.

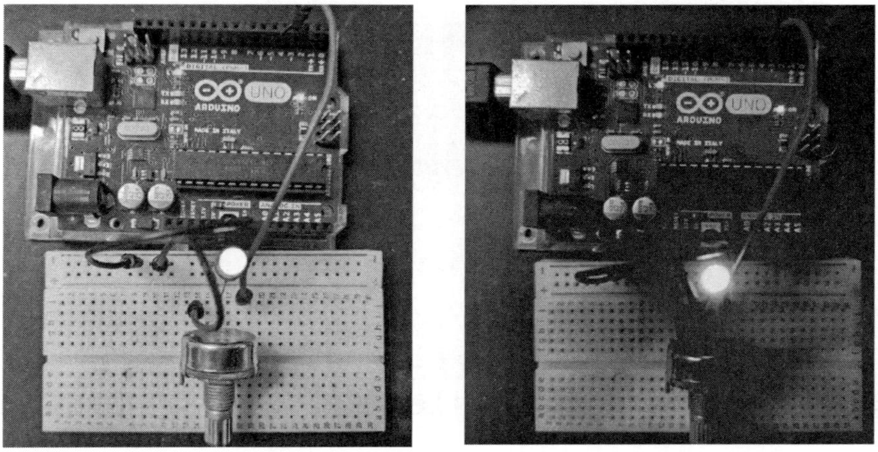

(a) 가변저항 크게 (b) 가변저항 작게

그림 7.39 가변저항으로 LED 밝기 제어

7.3.4 LED 밝기 제어와 AD 변환

▢ 목표

가변저항기를 사용하여 LED의 밝기를 제어하는 전기회로를 구축하고 아두이노 IDE 및 파이썬 프로그램을 작성한다.

▢ 준비물 및 전기회로 구성

그림 7.40은 LED의 밝기를 제어하기 위하여 가변저항기의 저항값 변화를 AD(analogue to digital converter) 변환기로 읽어 들여 PWM(Pulse Width Modulation) 기능을 활용하는 전기회로이다. AD 변환은 연속으로 변화하는 아날로그 신호를 받아 디지털 신호로 변환하는 것으로서 온도·압력·유량 등의 아날로그 계측값을 컴퓨터에 입력하는 경우 등에 많이 사용한다. 10비트의 AD 변환기는 0 ~ 5V의 아날로그 신호를 0 ~ 1023의 디지털 신호로 변환한다. PWM은 펄스폭을 변조하는 기능을 의미하며 디지털 신호를 아날로그 신호로 변환하는 DA(digital to analog converter) 변환기능으로 사용한다. DA 변환은 디지털 신호를 그 수치에 대응한 전압이나 전류 등의 아날로그 신호로 변환하는 것으로서 AD 변환기의 역기능을 가지고 있다. 8비트의 DA 변환기는 0 ~ 255의 디지털 신호를 0 ~ 5V의 아날로그 신호로 변환한다.

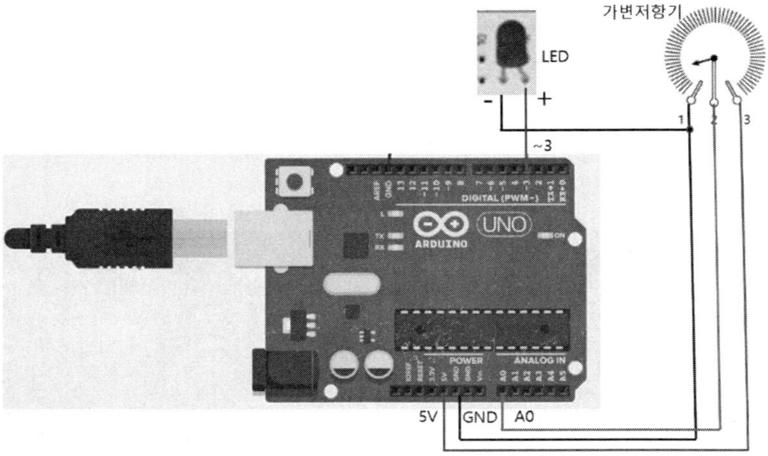

그림 7.40 AD 변환기를 사용하는 전기회로

[예제 7.10] 가변저항기와 AD변환기를 사용하는 그림 7.40의 전기회로를 사용하여 AD 변환값을 시리얼 모니터로 출력하고 그 값을 이용하여 LED 밝기를 제어하는 아두이노 IDE 프로그램을 작성하라.

<아두이노 프로그램>

```
int potentiometer = A0;
int led = 3;
void setup(){
        Serial.begin(9600);
        pinMode(led, OUTPUT);
}
void loop(){
        int pmValue = analogRead(potentiometer);
        Serial.print("potentiometer = ");
        Serial.println(pmValue);
        pmValue = map(pmValue, 0, 1023, 0, 255);
        analogWrite(led, pmValue);
        delay(1000);
}
```

그림 7.41은 가변저항기의 값을 AD 변환하여 시리얼 모니터에 출력하고 LED밝기를 제어하는 아두이노 IDE 프로그램이다. 10 비트의 AD 변환기는 명령어 analogRead(potentiometer)를 사용하여 가변저항기에 의해 변화하는 0 ~ 5 [V]의 아날로그 신호를 0 ~ 1023 범위의 디지털 값으로 읽어 들인다.

가변저항기에 의해 변화된 저항값을 시리얼 모니터로 확인하기 위하여 아날로그 저항값을 다음과 같은 명령어를 사용하여 모니터에 출력한다.

```
Serial.print("potentiometer = ");
Serial.println(pmValue);
```

AD 변환으로 측정한 가변저항기의 변화량은 0 ~ 5 [V]의 아날로그 신호가 0 ~ 1023의 디지털 신호로 변화되어 입력되었으므로 이를 LED의 밝기를 제어하는 3번 핀에 DA 변환 값으로 출력하기 위하여 다음의 명령어를 사용하여 0 ~ 255 범위로 변환한다.

```
pmValue = map(pmValue, 0, 1023, 0, 255);
```

map(pmValue, 0, 1023, 0, 255) 함수는 0 ~ 1023의 AD 변환값을 0 ~ 255으로 맵핑하여 변수 pmValue에 입력한다. 변수 pmValue는 LED와 연결된 3번 핀에 출력하는 값이 되고 0은 OFF 상태이고 255는 최대로 밝게 켜진다.

그림 7.42는 AD 변환 값을 사용하여 LED의 밝기를 제어하는 프로그램을 실행한 상태이다. 가변 저항값을 크게 하면 저항이 크게 되어 전류가 작게 흐르므로 LED의 밝기는 약해지고 저항값을 작게 하면 전류가 많이 흘러서 LED는 밝아진다.

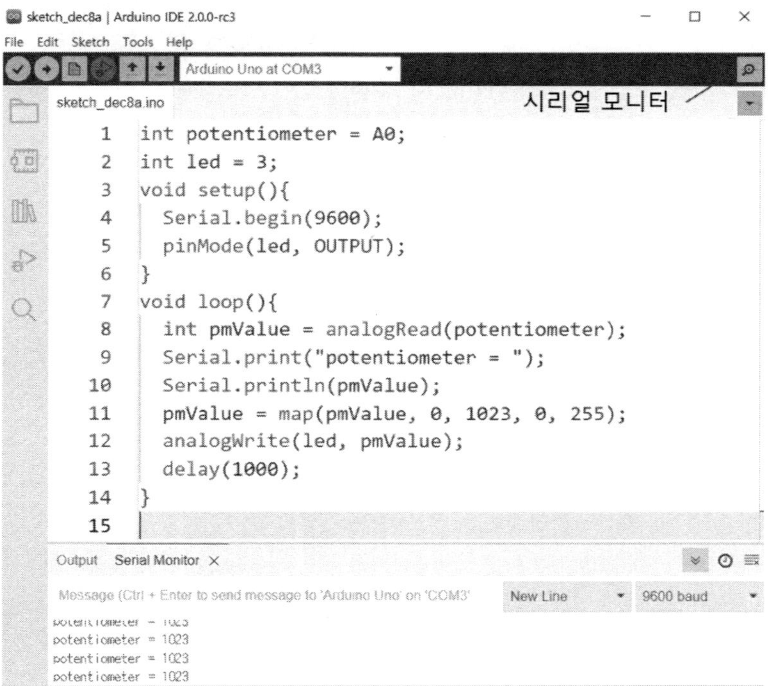

그림 7.41 아두이노 IDE 프로그램 : AD 변환

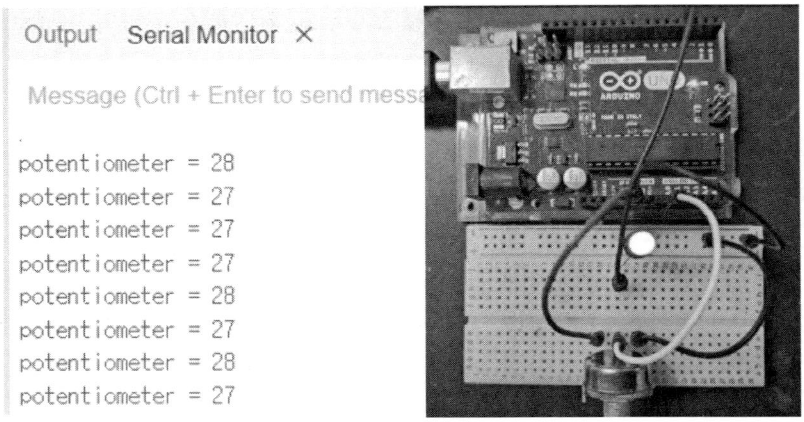

(a) 가변저항 크게

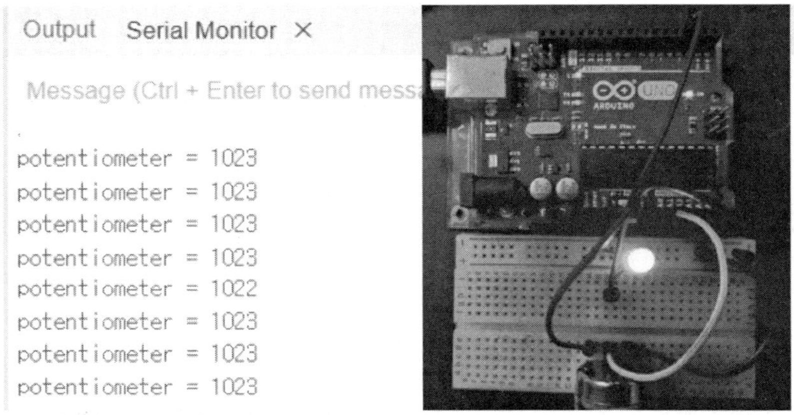

(b) 가변저항 작게

그림 7.42 LED 밝기 제어

7.3.5 파이썬으로 LED 밝기 제어

▢ 목표

파이썬에서 입력하는 숫자로 아두이노 보드에 연결된 LED의 밝기를 제어하는 아두이노 IDE 및 파이썬 프로그램을 작성한다.

[예제 7.11] 그림 7.40의 전기회로를 사용하고 파이썬에서 입력하는 숫자를 시리얼 통신으로 아두이노 보드로 전송하여 LED 밝기를 제어하는 아두이노 IDE와 파이썬 프로그램을 작성하라.

<아두이노 프로그램>

```
int data;
void setup() {
// put your setup code here, to run once:
        Serial.begin(9600);
        pinMode(3,OUTPUT);
}
void loop() {
// put your main code here, to run repeatedly:
        while (Serial.available()>0){
        //숫자로 된 문자열을 숫자로 변환
                data = Serial.parseInt();
                analogWrite(3,data);
        }
}
```

<파이썬 프로그램>

```
print('++ LED 밝기제어, 시리얼 통신 ++')
print('-' * 30)
import serial
import time
arduino = serial.Serial('COM3',9600)
time.sleep(1)
print(" 0~ 255 숫자 입력")
while  True:      #True =1 실행
        commend = input()
        arduino.write(commend.encode())
```

그림 7.43은 파이썬에서 입력한 정수를 사용하여 아두이노 보드에 연결된 LED의 밝기를 제어하는 프로그램이다. 아두이노 프로그램에서 while (Serial.available()>0){....}은 시리얼 통신 포트에 0보다 큰 값이 있는 동안 포트 내의 값을 {....} 안의 명령을 수행하는 명령이며, data = Serial.parseInt();은 통신 포트에서 읽은 숫자로 된 문자열 데이터를 정수로 변환하여 변수 data에 입력한다. analogWrite(3,data);은 아날로그 출력 명령으로 PWM 제어를 할 수 있는 3번 핀에 data의 값을 출력하여 그 크기에 해당하는 밝기로 LED를 동작시킨다.

파이썬 프로그램에서 commend = input()은 정수를 입력하면 변수 commend에 입력되고 arduino.write(commend.encode())은 변수 commend의 값을 시리얼 포트에 인코딩하는 명령이다.

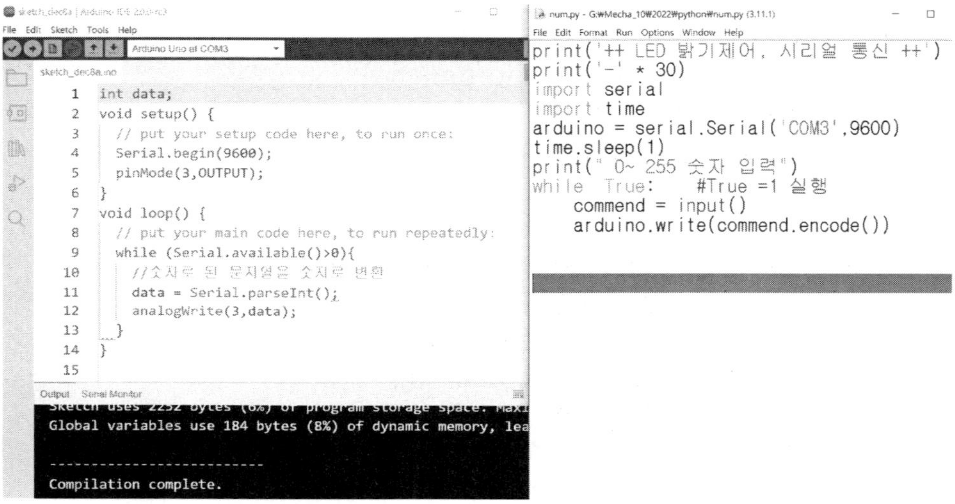

그림 7.43 파이썬으로 LED 밝기 제어

그림 7.44는 파이썬에서 입력한 숫자로 LED의 밝기를 제어하는 프로그램을 실행한 것이다. 50, 200, 0 순서로 입력하면 LED는 밝아지다가 0 명령으로 소등된다.

(a) Input = 50

(b) Input = 200

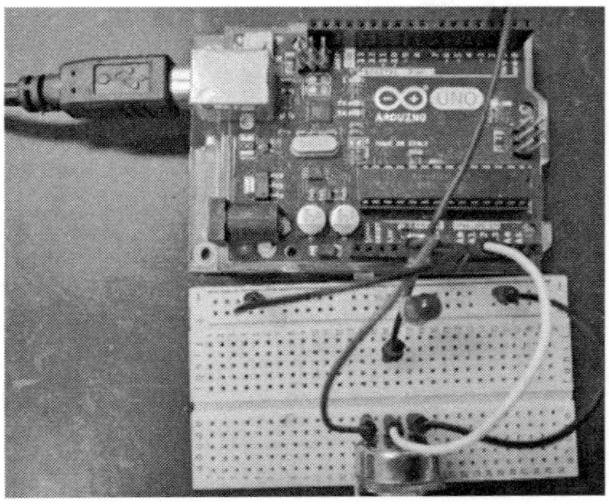

(c) Input = 0

(d) 파이썬 실행

그림 7.44 LED 밝기 제어 프로그램 실행

7.3.6 아두이노 송신 데이터를 파이썬에서 수신

▢ 목표

아두이노 보드에서 시리얼 통신으로 문자열, 정수 및 실수 데이터를 송신하면 파이썬에서 데이터를 수신하여 화면에 출력하는 아두이노 IDE 및 파이썬 프로그램을 작성한다.

[예제 7.12] 아두이노에서 시리얼 통신으로 문자열 Hello, 정수 100, 실수 3.14를 송신하고 파이썬에서 수신하여 그 값을 화면에 출력하는 아두이노 IDE와 파이썬 프로그램을 작성하라.

<아두이노 프로그램>

```
void setup(){
        Serial.begin(9600);
        Serial.setTimeout(1);
}
void loop(){
        String s_var = "Hello";
        int i_var = 100;
        float f_var=3.14;
        Serial.println(s_var);
        Serial.println(i_var);
        Serial.println(f_var);
        delay(1000);
}
```

<파이썬 프로그램>

```
print('++ 아두이노 데이터 수신 ++')
print('-' * 30)
import serial
import time
arduino = serial.Serial('COM3',9600)
time.sleep(0.1)
print(" 문자열, 정수, 실수 수신")
while  True:      #True =1 실행
        s_var = arduino.readline().decode()
        i_var = arduino.readline().decode()
        f_var = arduino.readline().decode()
        print(s_var)
        print(i_var)
        print(f_var)
        # 디코딩 후, 출력 (₩n을 없애는 슬라이싱)
        print(s_var[:len(s_var)-2])
        print(i_var[:len(i_var)-2])
        print(f_var[:len(f_var)-2])
```

그림 7.45는 아두이노에서 시리얼 통신으로 데이터를 파이썬으로 보내고 파이썬에서 수신하여 화면에 출력하는 데이터 수신 프로그램이다. 아두이노 프로그램에서 Serial.println(s_var);은 입력된 문자열을 시리얼 포트로, Serial.println(i_var);은 입력된 정수를 시리얼 포트로, Serial.println(f_var);은 입력된 실수를 시리얼 포트로 보내는 명령이다. 파이썬에서 s_var = arduino.readline().decode()은 한 줄씩 디코딩하여 문자열 변수 s_var에 입력하는 명령이고 print(s_var)은 한 줄씩 디코딩한 문자열을 화면에 출력하는 명령이고 줄 바꿈이 남아 있는 상태로서 ₩n에 해당하는 문자가 나타낸다. print(s_var[:len(s_var)-2])은 줄 바꿈에 해당하는 ₩n을 없애는 슬라이싱하기 위하여 [:len(s_var)-2]을 추가하였다.

그림 7.45 파이썬 데이터 수신 프로그램

그림 7.46은 아두이노에서 송신하는 데이터를 파이썬에서 수신하여 화면에 출력하는 프로그램을 실행한 것이다. 아두이노에서 작성한 문자열 Hello, 정수 100, 실수 3.14를 파이썬에서 수신하면 문자열, 정수, 실수는 문자열로 수신한다. 따라서 파이썬에서 수신한 문자열을 디코딩 후에 print(s_var) 명령에 슬라이싱을 위한 [:len(s_var)-2]의 유무에 따라서 값이 다르게 나타낸다.

그림 7.46 파이썬 프로그램 실행

7.4 파이썬과 아두이노 IDE로 그래프 그리기

7.4.1 파이썬에서 AD 변환값 모니터링

▢ 목표

아두이노 보드에 있는 가변저항기를 AD 변환하여 그 값을 활용하여 LED 밝기를 제어하고 AD 변환값을 파이썬에서 수신하여 출력하는 프로그램을 작성한다.

[예제 7.13] 그림 7.40의 전기회로를 사용하여 가변저항기의 저항을 변화시켜서 AD 변환하여 LED 밝기를 제어하고 시리얼 통신으로 파이썬에서 AD 변환값을 수신하여 화면에 출력하는 아두이노 IDE와 파이썬 프로그램을 작성하라.

<아두이노 프로그램>

```
int potentiometer = A0;
int led = 3;
void setup(){
        Serial.begin(9600);
        pinMode(led, OUTPUT);
}
void loop(){
        int pmValue = analogRead(potentiometer);
        Serial.println(pmValue);
        pmValue = map(pmValue, 0, 1023, 0, 255);
        analogWrite(led, pmValue);
        delay(1000);
}
```

<파이썬 프로그램>

```
print('++ AD 변환값 수신 ++')
print('-' * 30)
import serial
import time
arduino = serial.Serial('COM3',9600)
time.sleep(0.1)
print(" AD 변환 0 ~ 1023")
while  True:      #True =1 실행
          #문자열을 정수로 변환
          i_var = int(arduino.readline().decode())
          print(i_var)
```

그림 7.47은 가변저항기의 값을 변화시켜서 AD 변환값으로 LED 밝기 제어와 시리얼 통신으로 파이썬에서 AD 변환값을 모니터링하는 아두이노 IDE와 파이썬 프로그램이다. 아두이노 프로그램에서 analogRead(potentiometer);은 가변저항기의 출력인 아날로그 신호를 10비트의 AD 변환기로 읽어서 변수 pmValue에 입력한다. Serial.println(pmValue);은 pmValue의 값을 줄 바꿈하면서 시리얼 통신 포트에 쓰기를 하고 map(pmValue, 0, 1023, 0, 255);은 AD 변환값 0 ~ 1023을 PWM 신호 0 ~ 255로 맵핑하여 변수 pmValue에 입력한다. analogWrite(led, pmValue);은 변수 led(3번) 핀에 PWM 신호로 맵핑된 pmValue를 출력하여 LED의 밝기를 제어한다.

파이썬 프로그램에서 int(arduino.readline().decode())은 아두이노로부터 데이터를 디코딩하면 문자열로 수신되므로 이를 정수로 변환하기 위하여 int()명령을 사용한다. 문자열로 수신한 것을 정수로 변환하여 변수 i_var에 입력하고 이를 화면에 출력하기 위하여 print(i_var)를 사용한다.

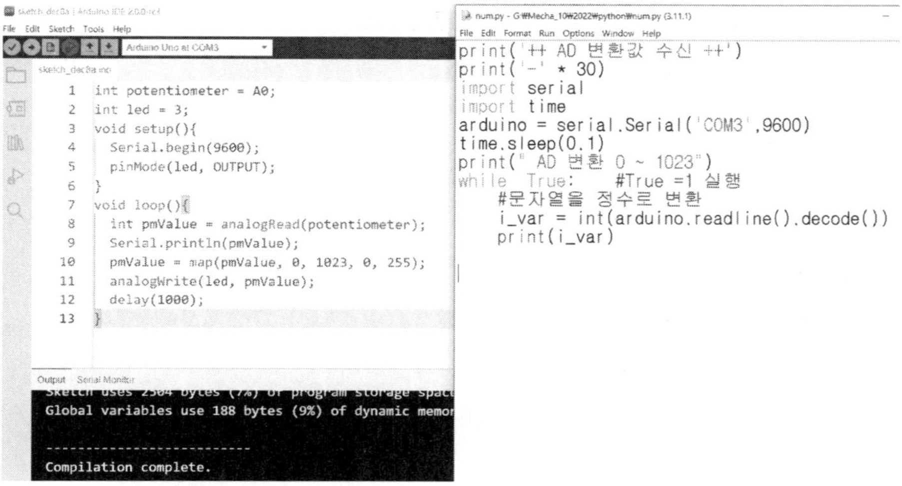

그림 7.47 AD변환 모니터링 프로그램

그림 7.48은 파이썬 프로그램을 실행하여 LED의 밝기 제어와 파이썬에서 AD 변환값을 수신하여 화면에 출력하는 상태이다. 가변저항기의 값을 변화시키면 LED의 밝기 변화와 AD 변환값의 변화를 화면에 출력되는 것을 확인할 수 있다.

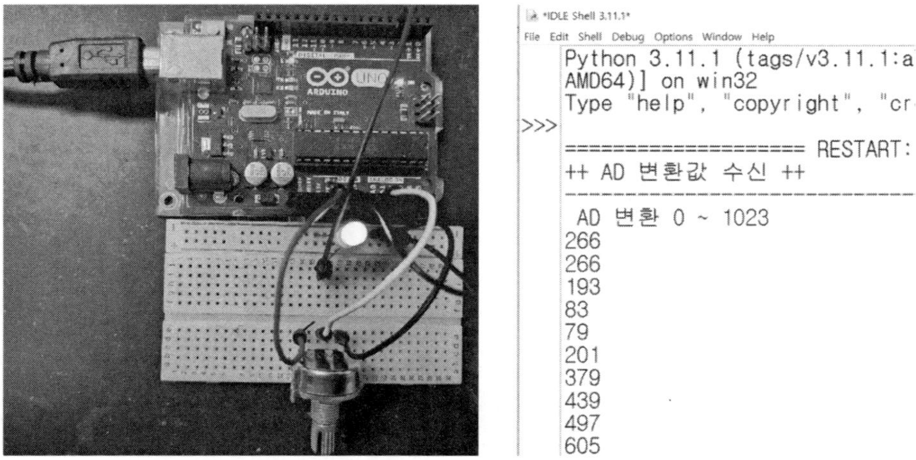

(a) AD 변환기로 LED 제어　　　　(b) 파이썬 실행

그림 7.48 파이썬 프로그램 실행

7.4.2 그래프 그리기 : numpy, matplotlib

▢ 목표

numpy(Numerical Python)와 matplotlib 패키지를 사용하여 수치해석의 행렬표현 및 계산과 실시간 그래프를 그리는 프로그램을 작성한다.

▢ numpy 패키지

numpy는 C언어로 구현된 파이썬 라이브러리로서 고성능의 과학계산에 사용한다. numpy는 벡터 및 행렬 연산에 있어서 매우 편리한 기능을 제공하며 데이터를 분석할 때 사용되는 라이브러리인 pandas와 matplotlib 기반으로 사용한다. numpy 배열은 다음과 같은 함수를 가진다.

- **array() 함수** : 배열 인자로 리스트 데이터를 사용
- **zeros() 함수** : 배열 인자로 0을 사용
- **ones() 함수** : 배열 인자로 1을 사용
- **full() 함수** : 배열 인자로 사용자가 지정한 수를 사용
- **eye() 함수** : 배열 입자로 대각선은 1이고 나머지는 0을 사용

[예제 7.14] numpy 배열에서 사용되는 함수의 사용 사례를 나타내는 프로그램을 작성하라.

<파이썬 프로그램>

```
print('++ numpy 배열생성 함수 ++')
print('-' * 30)
import numpy as np
print('1. np.array()')
list = [1,2,3,4,5]
list = np.array(list)
print('array() type:',list.dtype)
print(list)
print('2. np.zeros()')
list = np.zeros((1,2))
print('zeros() type:',list.dtype)
print(list)
print('3. np.ones()')
list = np.ones((1,2))
print('ones() type:',list.dtype)
print(list)
print('4. np.full()')
list = np.full((1,2),5)
print('full() type:',list.dtype)
print(list)
print('5. np.eye()')
list = np.eye(3)
print('eye() type:',list.dtype)
print(list)
```

그림 7.49는 numpy 라이브러리를 사용하여 배열생성에 필요한 함수의 사례를 나타내는 프로그램과 실행 결과이다. array()는 리스트 데이터 [1,2,3,4,5]를 배열로 전환하고 변수 타입은 int32를 가진다. 여기서, int 32는 32비트의 정수를 나타내는 숫자이고 int64는 64비트의 정수 숫자를 나타낸다. zeros() 함수는 배열 인자로 0을 입력하고 변수 타입은 float64이다. 여기서, float64는 64비트의 실수형 숫자이고 float32는 32비트 실수형 숫자를 나타낸다. ones() 함수는 배열 인자로 1을 입력하고 변수 타입은 float64이고 full() 함수는 배열 인자로 지정하는 숫자로 입력하고 변수 타입은 int32이며 eye() 함수는 배열 인자로 대각선 방향은 1을 입력하고 나머지는 0을 입력하는 함수로서 변수 타입은 float64이다.

```python
print('++ numpy 배열생성 함수 ++')
print('-' * 30)
import numpy as np
print('1. np.array()')
list = [1,2,3,4,5]
list = np.array(list)
print('array() type:',list.dtype)
print(list)
print('2. np.zeros()')
list = np.zeros((1,2))
print('zeros() type:',list.dtype)
print(list)
print('3. np.ones()')
list = np.ones((1,2))
print('ones() type:',list.dtype)
print(list)
print('4. np.full()')
list = np.full((1,2),5)
print('full() type:',list.dtype)
print(list)
print('5. np.eye()')
list = np.eye(3)
print('eye() type:',list.dtype)
print(list)
```

```
Python 3.11.1 (tags/v3.11.
AMD64)] on win32
Type "help", "copyright", '
>>>
==================== RESTAR
++ numpy 배열생성 함수 ++
-----------------------------
1. np.array()
array() type: int32
[1 2 3 4 5]
2. np.zeros()
zeros() type: float64
[[0. 0.]]
3. np.ones()
ones() type: float64
[[1. 1.]]
4. np.full()
full() type: int32
[[5 5]]
5. np.eye()
eye() type: float64
[[1. 0. 0.]
 [0. 1. 0.]
 [0. 0. 1.]]
>>>
```

그림 7.49 numpy 배열 함수 사례 프로그램과 실행 결과

[예제 7.15] numpy 라이브러리를 사용하여 리스트 데이터 [1, 2, 3, 4, 5]를 행렬(array)로 변환하고 행렬의 크기 및 자료형식을 확인하고 임의의 4x3 행렬을 입력하고 크기를 확인하는 프로그램을 작성하라.

<파이썬 프로그램>

```
print('++ numpy 사용 ++')
print('-' * 30)
import numpy as np
print('1. 리스트 데이터')
data = [1,2,3,4,5]
print(data)
print('2. array 데이터')
arr=np.array(data)
print(arr)
print('3. array크기 확인')
print(arr.shape)
print('4. array 자료형 확인')
print(arr.dtype)
print('5. 4X3 array 확인')
arr_01 = np.array([[1,2,3],[4,5,6],[7,8,9],[10,11,12]])
print(arr_01)
print('6. 4X3 array크기 확인')
print(arr_01.shape)
```

그림 7.50은 수치해석에 사용되는 행렬을 계산하는 numpy 라이브러리를 이용하여 리스트 데이터를 행렬로 변환하여 크기와 자료형을 확인하는 프로그램과 실행 결과이다. shape 함수는 행렬의 크기를 확인하는 함수이고 dtype 함수는 자료형을 확인하는 명령이다.

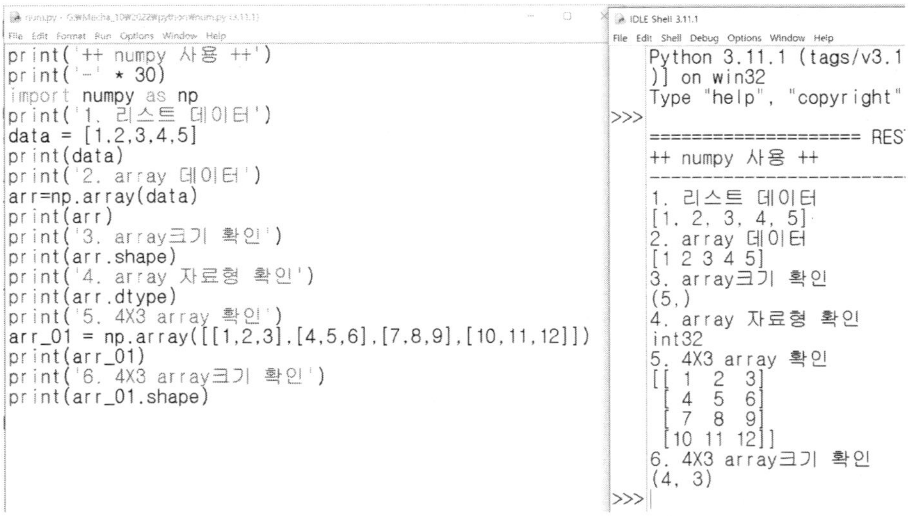

그림 7.50 numpy 라이브러리 사용 프로그램 실행

▢ matplotlib 패키지

matplotlib는 파이썬에서 자료를 차트 또는 플롯으로 시각화하는 패키지로서 다음과 같이 다양한 시각화 기능을 제공한다.

- 라인 플롯(line plot)
- 스캐터 플롯(scatter plot)
- 컨투어 플롯(contour plot)
- 서피스 플롯(surface plot)
- 바 차트(bar chart)
- 히스토그램(histogram)
- 박스 플롯(box plot)

matplotlib 패키지에는 pyplot 서브 패키지가 존재하며, pyplot 서브 패키지는 수치해석에 사용되고 있는 matlab 소프트웨어의 시각화 명령을 거의 그대로 사용할 수 있도록 matplotlib 명령어 집합을 제공한다. matplotlib 패키지를 사용할 때는 다음과 같이 주 패키지는 mpl 별칭(alias)으로 임포트(import)하고 pyplot 서브 패키지는 plt 별칭으로 임포트하여 사용한다.

```
import matplotlib as mpl
import matplotlib.pyplot as plt
```

matplotlib 패키지에서 선을 그리는 라인 플롯(line plot)은 데이터의 시간, 순서 등에 따라 어떻게 변화하는지 보여주기 위해 사용하며 명령은 pyplot 서브 패키지의 plot 명령을 사용한다.

[예제 7.16] matplotlib 패키지를 사용하여 0.1초 간격으로 5초 동안 사인파형을 그리는 파이썬 프로그램을 작성하라.

<파이썬 프로그램>

```
print('++ matplotlib 사용 ++')
print('-' * 30)
import numpy as np
import matplotlib.pyplot as plt
x = np.arange(0, 5, 0.1);
y = np.sin(x)
plt.plot(x, y)
plt.show()
```

그림 7.51은 matplotlib 패키지를 사용하여 사인파형을 그리는 프로그램과 실행 결과이다. np.arange(0, 5, 0.1)는 x축의 시간을 0.1초 간격으로 0 ~ 5초까지 시간을 정하는 명령이다. plt.plot(x, y)는 matplotlib 패키지의 라인 플롯을 나타내며 y는 진폭을 결정한다.

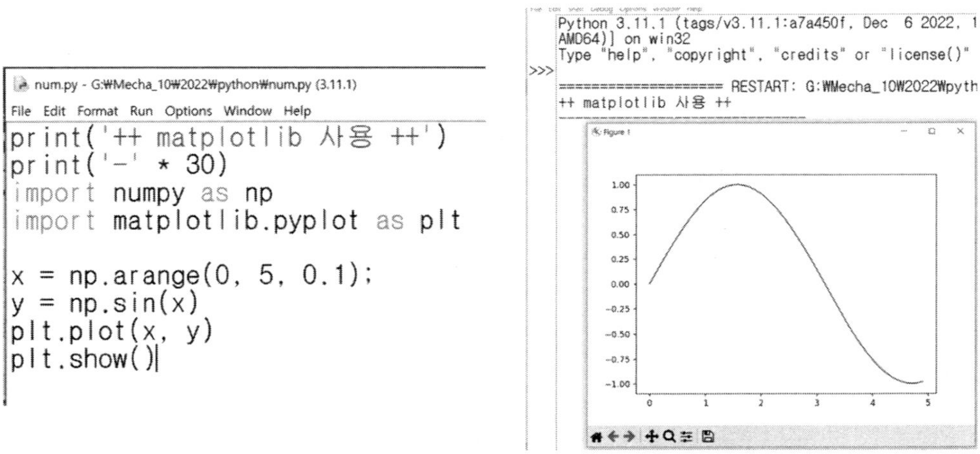

(a) Matplotlib 패키지 사용 프로그램 (b) 파이썬 실행

그림 7.51 matplotlib 패키지 사용 프로그램 실행

□ plot 스타일 지정

matplotlib 패키지는 plot 스타일을 지정하여 그래프를 다양하게 표현할 수 있다. plot 스타일 지정은 표 7.3에 나타낸 스타일의 약자를 사용하여 다음과 같이 색상, 선 굵기, 선 스타일 및 마커를 지정한다.

```
plt.plot(x,  y,c="b",lw=1,ls="--",
          marker="o",ms=1,mec="g",mew=5,mfc="r")
```

여기서, c는 선의 색상, lw는 선의 굵기, ls는 선의 스타일, maker는 마커 스타일을 지정한다.

표 7.3은 matplotlib 패키지에서 plot 스타일을 지정하기 위한 스타일 문자열, 문자열의 약자 및 기능이다. plt.plot(x, y)와 같이 스타일 지정을 생략하면 디폴트의 값이 적용된다.

표 7.3 plot 스타일 지정

스타일 문자열	약자	기능
color	c	선 색깔
linewidth	lw	선 굵기
linestyle	ls	선 스타일
marker		마커 종류
markersize	ms	마커 크기
markeredgecolor	mec	마커 선 색깔
markeredgewidth	mew	마커 선 굵기
markerfacecolor	mfc	마커 내부 색깔

표 7.4는 plot에서 그리는 선의 색상을 지정하는 문자열의 약자이다. 선의 색상은 표에서 나타낸 약자를 사용하거나 # 문자로 시작되는 RGB코드를 사용한다.

표 7.5는 선의 스타일을 지정하는 선 스타일 문자열의 약자이다.

표 7.6은 그래프에 사용되는 마커의 종류 및 문자열을 지정하는 약자이다.

표 7.4 선의 색상 지정

문자열	약자
blue	b
green	g
red	r
cyan	c
magenta	m
yellow	y
black	k
white	w

표 7.5 선의 스타일 지정

선 스타일 문자열	의미
–	solid line style
—	dashed line style
–.	dash–dot line style
:	dotted line style

표 7.6 마커의 종류 및 문자열 지정 약자

마커 문자열	의미
.	point marker
,	pixel marker
o	circle marker
v	triangle_down marker
^	triangle_up marker
〈	triangle_left marker
〉	triangle_right marker
1	tri_down marker
2	tri_up marker
3	tri_left marker
4	tri_right marker
s	square marker
p	pentagon marker
*	star marker
h	hexagon1 marker
H	hexagon2 marker
+	plus marker
x	x marker
D	diamond marker
d	thin_diamond marker

[예제 7.17] matplotlib 패키지를 사용하여 0.1초 간격으로 10초 동안 사인파형의 스타일을 지정하여 그래프를 그리는 파이썬 프로그램을 작성하라.

<파이썬 프로그램>

```
print('++ matplotlib 스타일 지정 ++')
print('-' * 30)
import numpy as np
import matplotlib.pyplot as plt
x = np.arange(0, 10, 0.1);
y = np.sin(x)
plt.plot(x, y,c="b",lw=1,ls="--",
          marker="o",ms=1,mec="g",mew=5,mfc="r")
plt.xlim(0,10)
plt.ylim(-2,2)
plt.show()
```

그림 7.52는 matplotlib 라이브러리를 사용하여 그래프의 스타일을 지정하는 프로그램과 실행 결과이다. 사인파형을 0.1초 간격으로 10초 동안 점선(--)으로 그래프를 그리고 마커는 O를 사용하여 지정한 색상(green)으로 표시한다. plt.xlim(0,10)은 시간축을 0초에서 10초까지 한계를 정하는 것이고 plt.ylim(-2,2)은 사인파의 진폭을 −2에서 2까지 지정한다.

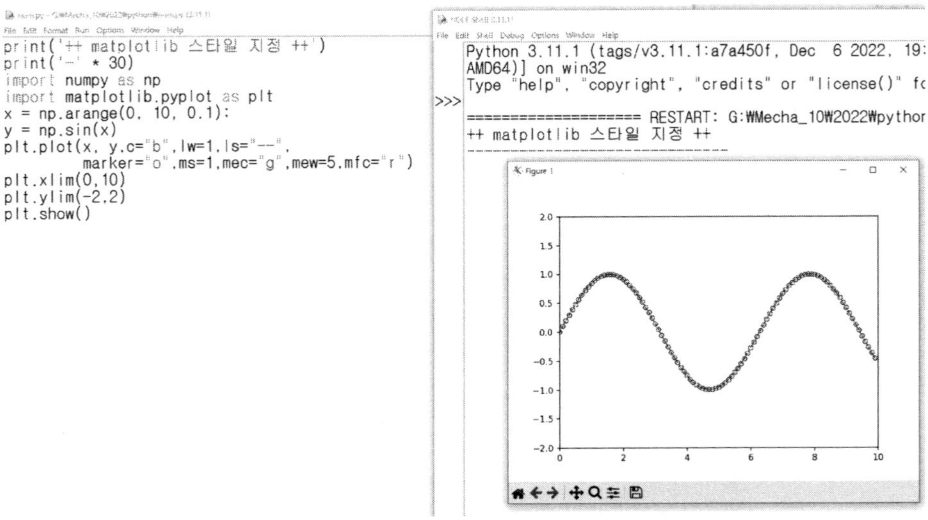

그림 7.52 matplotlib 스타일 지정 프로그램 실행

7.4.3 파이썬에서 AD 변환값 실시간 그래프 그리기

□ 목표

아두이노 보드에 있는 가변저항기를 AD 변환하여 그 값을 활용하여 LED 밝기를 제어하고 AD 변환값을 파이썬에서 수신하여 출력하고 그래프를 그리는 프로그램을 작성한다.

[예제 7.18] 그림 7.40의 전기회로를 사용하여 가변저항기의 저항을 변화시켜서 AD 변환하여 LED 밝기를 제어하고 시리얼 통신으로 파이썬에서 AD 변환값을 수신하여 화면에 출력하고 그래프를 그리는 아두이노 IDE와 파이썬 프로그램을 작성하라.

<아두이노 프로그램>

```
int potentiometer = A0;
int led = 3;
void setup(){
        Serial.begin(9600);
        pinMode(led, OUTPUT);
}
void loop(){
        int pmValue = analogRead(potentiometer);
        Serial.println(pmValue);
        pmValue = map(pmValue, 0, 1023, 0, 255);
        analogWrite(led, pmValue);
        delay(100);
}
```

<파이썬 프로그램>

```
print('++ AD 변환값 수신 ++')
print('-' * 30)
import serial
import matplotlib.pyplot as plt
import time
arduino = serial.Serial('COM3',9600)
time.sleep(0.1)
print(" AD 변환 0 ~ 1023")
x = 0
for i in range(100):
        x = x + 0.1
        y = int(arduino.readline().decode())
        print(y)
        plt.scatter(x,y)
        plt.pause(0.01)
plt.show()
```

그림 7.53은 가변저항기를 사용하여 변화되는 저항값의 변화를 AD 변환하여 LED 밝기를 제어하고 실시간으로 화면에 출력하면서 그래프를 그리는 아두이노 IDE와 파이썬 프로그램이다. 시간은 0.1초 간격으로 0 ~ 10초 사이의 그래프를 그리며 변화량을 화면에 출력한다. plt.scatter(x,y)는 스캐터 플롯의 명령이고 x는 시간, y는 AD 변환값을 디코딩한 것이다. plt.pause(0.01)는 실시간으로 그래프를 그리기 위한 명령이고 plt.show()는 for 문 외부에 존재하여야 그래프를 그릴 수 있다.

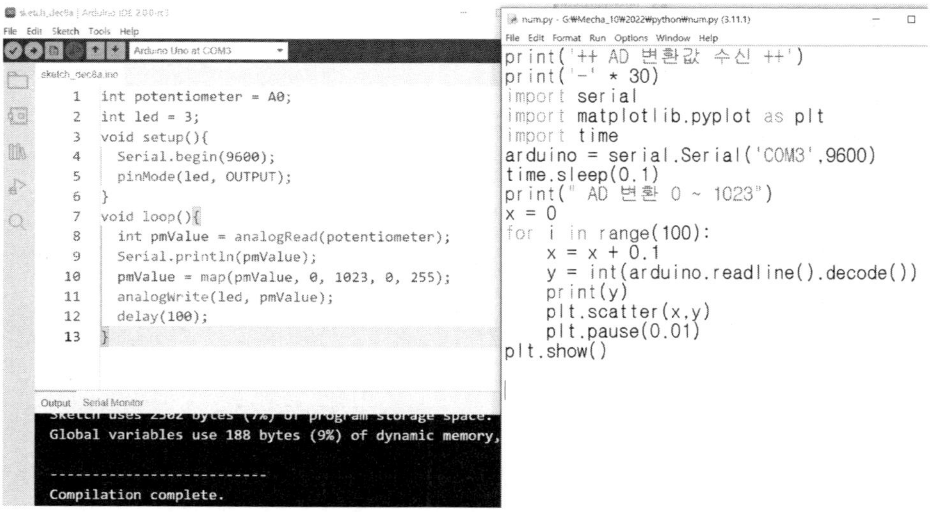

그림 7.53 AD 변환값 그리기 프로그램 : matplotlib

그림 7.54는 가변저항기를 변화시켜서 AD 변환값으로 LED 밝기를 제어하고 그래프를 그리는 프로그램을 실행한 결과이다. 가변저항기를 조절하면 LED는 밝고 어두워지면서 화면에 출력되는 값이 변화하고 그래프가 다르게 표현되는 것을 확인할 수 있다.

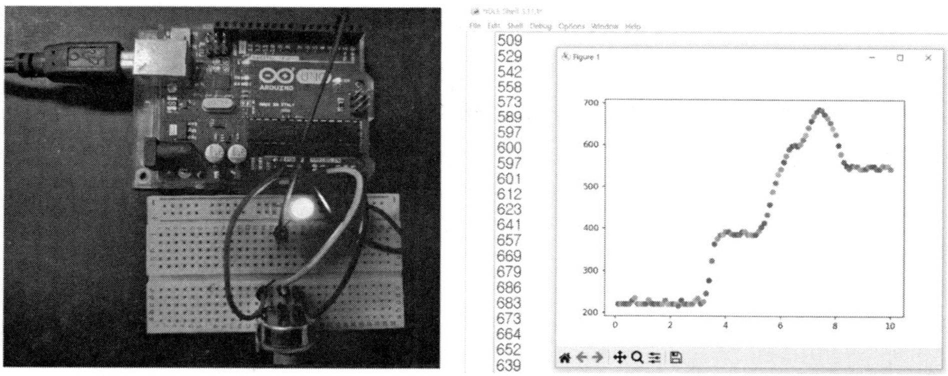

(a) AD 변환과 LED 밝기 제어　　　　(b) 파이썬 실행

그림 7.54 AD 변환값 그리기 프로그램 실행

7.4.4 matplotlib animation 실시간 그래프 그리기

matplotlib에서 사용할 수 있는 애니메이션은 ArtistAnimation과 FuncAnimation이 있다. ArtistAnimation은 Artist 객체 변화를 저장하는 것이고 FuncAnimation은 Figure 전체의 변화를 저장하는 것이다.

□ 목표

아두이노 보드에 있는 가변저항기를 AD 변환하여 그 값을 활용하여 LED 밝기를 제어하고 AD 변환값을 파이썬에서 수신하여 출력하고 matplotlib animation 기능을 사용하여 그래프를 그리는 프로그램을 작성한다.

□ 간단한 그래프 그리기

[예제 7.19] matplotlib 라이브러리에서 FuncAnimation을 사용하여 sin()파형을 실시간으로 그리는 프로그램을 작성하여 보자.

<파이썬 프로그램>

```
print('++ matplotlib.animation 활용 그래프 ++')
print('-' * 30)
import serial
import matplotlib.pyplot as plt
import numpy as np
from matplotlib.animation import FuncAnimation
fig = plt.figure()
ax = plt.axes(xlim = (0,10), ylim = (-2,2))
x = np.arange(0, 10, 0.1);
y = np.sin(x)
ax.plot(x,y)
plt.show()
```

그림 7.55는 matplotlib 라이브러리에서 FuncAnimation을 활용하는 그래프를 그리는 프로그램과 실행 결과이다. figure는 그래프가 그려지는 도화지를 정의하고 axes는 축을 지정하는 것으로 그래프를 정의한다. xlim = (0,10)은 x축의 범위를 지정하고 ylim = (-2,2)은 y축의 범위를 지정한다. x축은 0 ~ 10초 사이를 0.1초 간격으로 구분하고 y축의 값은 y = np.sin(x)에 의해 계산된다.

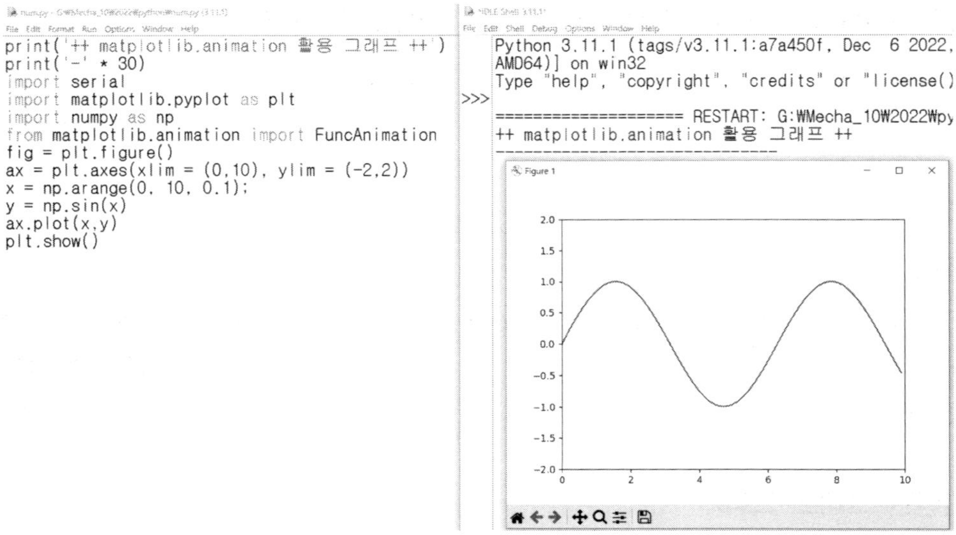

그림 7.55 FuncAnimation을 활용하는 그래프 그리기

[예제 7.20] 그림 7.40의 전기회로와 예제 7.18의 아두이노 프로그램을 사용하여 가변저항기의 출력을 AD 변환하여 LED 밝기를 제어하고 시리얼 통신으로 파이썬에서 AD 변환값을 수신하여 화면에 출력하고 FuncAnmation으로 그래프를 그리는 파이썬 프로그램을 작성하라.

<파이썬 프로그램>

```
print('++ AD 변환값 수신 ++')
print('-' * 30)
import serial
from matplotlib import pyplot as plt
from matplotlib import animation
import numpy as np
arduino = serial.Serial('COM3', 9600)
fig = plt.figure()
ax = plt.axes(xlim=(0, 50), ylim=(0, 1100))
line = ax.plot([], [], lw=2)

max_points = 50

line, = ax.plot(np.arange(max_points),
                    np.ones(max_points, dtype=np.float64)*np.nan, lw=2)

def init():
return line

def animate(i):
          y = int(arduino.readline().decode())
          print(y)
          old_y = line.get_ydata()
          new_y = np.r_[old_y[1:], y]
          line.set_ydata(new_y)
          return line

Myanimation = animation.FuncAnimation(fig, animate, init_func=init,
                         frames=200, interval=20, blit=False)
plt.show()
```

그림 7.56은 예제 7.18에서 사용한 아두이노 프로그램과 가변저항기를 사용하여 LED 밝기를 제어하고 AD 변환값을 실시간 모니터링하고 그래프를 그리는 파이썬 프로그램이다. x축은 xlim=(0, 50)으로 범위를 지정하였고 y 축은 AD 변환값을 고려하여 ylim=(0, 1100)으로 범위를 지정하였다. init() 함수는 line을 반환하고 animate() 함수는 아두이노 보드에 연결되어 있는 가변저항기에 의하여 발생하는 전압의 변화를 AD 변환하여 선으로 표현하는 함수이다. Myanimation은 실시간으로 AD 변환값을 그래프에 표시한다.

그림 7.57은 가변저항기에 의하여 발생하는 AD 변환값을 실시간으로 화면에 출력하고 그래프를 그리는 결과이다.

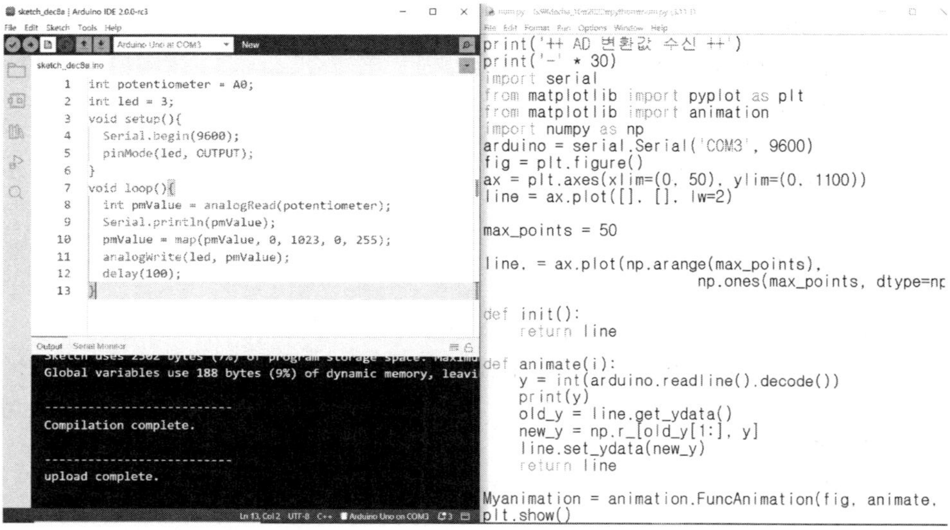

그림 7.56 실시간 그래프 그리는 프로그램

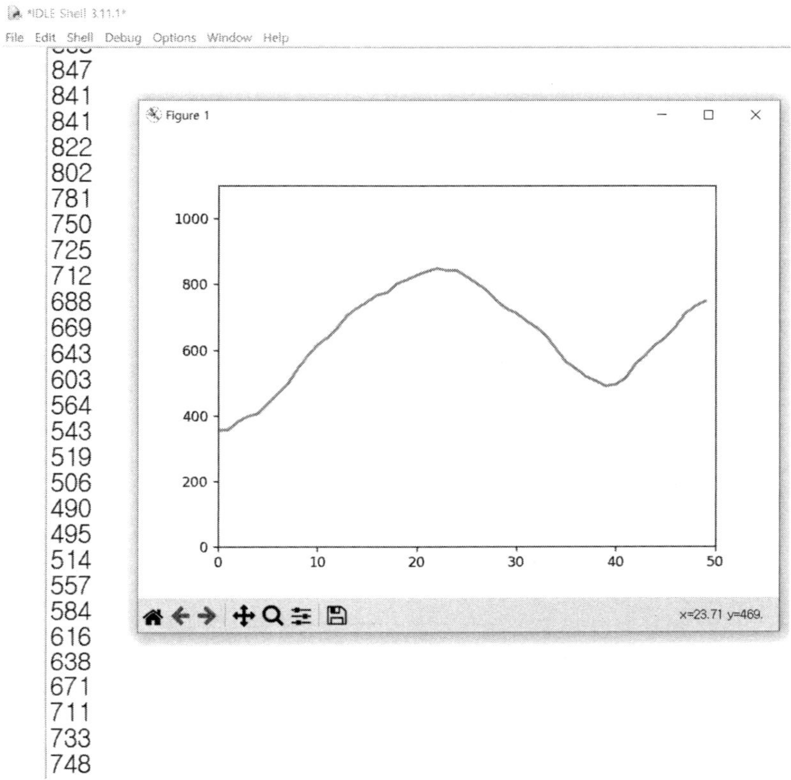

그림 7.57 AD 변환값 출력과 실시간 그래프

저 자 약 력

박 정 규

- 1979년 영남대학교 공과대학 기계공학과 공학사
- 1992년 일본 오카야마대학교 대학원 생산기계공학사 공학석사
- 1995년 일본 오카야마대학교 대학원 자연과학연구과(시스템과학전공) 공학박사
- 1995년 LG전자 생산기술센터 선임 연구원
- 1999년 ~ 현재 두원공과대학교 AI 융합과 교수

조 범 희

- 2019년 두원공과대학교 메카트로닉스공학과 졸업
- 2019년 ~ 현재 (주)보명이티씨 연구원

파이썬과 아두이노 기초

1판 1쇄 2023년 2월 15일

저 자 박정규 / 조범희
발행인 송광헌
발행처 복두출판사
주 소 서울특별시 영등포구 경인로 82길 3-4
센터플러스 807호 (우) 07371
전 화 02-2164-2580
FAX 02-2164-2584
등 록 1993. 11. 22. 제 10-902 호

정가 : 18,000원
ISBN : 979-11-6675-247-6 93560

한국과학기술출판협회 회원사